OLIVIER DARMON

ARCHI PAS CHÈRE

20 maisons d'aujourd'hui à 100 000 €

Editions OUEST-FRANCE

SOMMAIRE

à Juliette

COMBIEN ÇA COÛTE ?

Archi pas chère ? Au-delà du jeu de mots, l'expression entend simplement indiquer que l'architecture n'est pas réservée aux plus fortunés d'entre nous. Pas plus qu'elle n'est destinée à un cercle d'happy fews éclairés. Les commanditaires des maisons qui suivent sont artisans, employés, jeunes cadres, enseignants ou retraités. Leurs biens et revenus ne sont pas hollywoodiens. Aucun n'est concerné par l'ISF. Leur mobilier provient souvent du catalogue Ikea, 160 millions d'exemplaires, la publication la plus lue au monde après la Bible ! Tous ont trouvé l'architecte qui leur convenait, apte à construire la maison qu'ils souhaitaient : une habitation qui leur ressemble tout en respectant scrupuleusement leur budget, une somme raisonnable, acceptable par la plupart. *Archi pas chère* présente ces réalisations et expose la façon dont leurs architectes ont procédé pour bâtir ces rêves singuliers, nimbés à chaque instant de préoccupations économiques, toujours rattrapés par le principe de réalité.

Il n'en fut pas toujours ainsi et c'est pourquoi la profession pâtit encore d'une image élitiste. « Dans sa tradition, l'architecture est aristocratique, non seulement par ses commanditaires, princes ou papes, mais plus essentiellement parce qu'elle se plie à l'étiquette qui définit le rang des personnes, l'emploi des matériaux, la convention des formes et assigne à la chaumière un autre aspect qu'au palais » rappelait Paul Chemetov en évoquant les rapports ambigus qu'ont entretenus architecture et démocratie[1]. À certains égards, cette tradition perdure. Pour s'en convaincre, il suffit de parcourir les magazines qui présentent comme modèles des bâtisses contemporaines dont la conception se coltine rarement avec la maîtrise des coûts. D'où une avalanche de volumes décrochés, de surfaces décaissées traitées certes dans des matériaux bruts puisqu'ils sont devenus tendance, mais mis en œuvre avec un soin de joaillier.

Le béton en est l'exemple le plus parfait : voir ce déluge de chapes nourries d'adjuvants précieux dosés avec une vigilance d'apothicaire, qui, lissées, polies, cirées, miroiteront comme des diamants, à grand renfort d'une main d'œuvre spécialisée facturée au prix du gramme de truffes au marché de Sarlat. Où ces plaques d'acier utilisées comme parements, brutes elles aussi, rouillées, tâchées d'acide, et néanmoins assemblées par un maître serrurier avec la précision d'un moteur de Ferrari. Le spectacle est captivant, on admire la prouesse… Magnifié par le talent des photographes, l'ensemble fait rêver. Combien ça coûte ? Le lecteur n'en saura rien. Leurs heureux propriétaires ne tiennent d'ailleurs pas tant que ça à afficher leur bonne fortune. La lecture de ces publications, très agréable au demeurant, banalise une image réductrice de l'architecture contemporaine. En feuilletant leurs pages, on pourrait sommairement déduire que l'architecte reste au fond un artiste aussi soucieux du détail qu'un dandy de ses jabots. Ou qu'il est au bâtiment ce que le chef trois étoiles est à la gastronomie, un maestro inspiré du bon goût hors de prix. Pour autant, talent et innovation méritent tous les égards et il ne s'agit pas de les clouer au pilori.

1. Paul Chemetov Marie-Jeanne Dumont, Bernard Marey, *Paris-Banlieue 1919-1939, Architectures domestiques,* Dunod, Paris, 1989.

Nombre d'architectes et non des moindres se sont d'ailleurs évertués à réduire les coûts de construction en expérimentant de nouvelles méthodes. « La préfabrication et, en conséquence, l'industrialisation du bâtiment ont été l'un des grands espoirs de l'architecture moderne » indique Michel Ragon dans son *Histoire mondiale de l'architecture et de l'urbanisme modernes*[2]. S'incarnant dès 1851 dans la conception du Crystal Palace de Londres, cette préoccupation s'intensifie au cours du XXᵉ siècle. Pour n'évoquer que le domaine de la maison individuelle, il faudrait au moins signaler trois expériences : Le Corbusier et les maisons Dom-ino et Citrohan, par allusion à Citroën (1915-1921), Walter Gropius et son Packaged House System (1943-1945) et Jean Prouvé dont toute la carrière est traversée par la volonté de rationaliser la construction en développant des méthodes industrielles.

Chacun d'entre eux s'est efforcé de penser une autre maison, moins coûteuse, dotée de qualités nouvelles, bâtie rapidement et libérée du carcan des traditions artisanales du bâtiment.
Le Corbusier : « Tout est à faire, rien n'est prêt. La spécialisation a à peine abordé le domaine de la bâtisse. Il n'y a ni usines, ni techniciens de spécialisation… Après avoir fabriqué en usine

2. Michel Ragon, *Histoire mondiale de l'architecture et de l'urbanisme modernes*, tome 2, *Pratiques et méthodes 1911-1985*, Paris, Casterman, 1986.

■ Construire moins cher

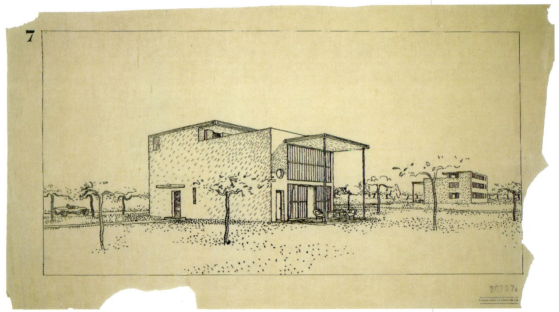

La Maison Citrohan comprend un séjour double hauteur et un toit-terrasse. « Simplification des sources lumineuses : une seule grande baie à chaque extrémité ; deux murs portants latéraux ; un toit plat dessus ; une véritable boîte qui peut utilement être une maison. On songe à construire cette maison dans n'importe quelle région du pays ; les deux murs seront donc soit en briques, soit en pierres, soit en agglomérés maçonnés par le margoulin de l'endroit. » Le Corbusier

tant de canons, d'avions, de camions, de wagons, on se dit : ne pourrait-on pas fabriquer des maisons… rien n'est prêt mais tout peut être fait. Dans les vingt années à venir, l'industrie aura groupé les matériaux fixes, semblables à ceux de la métallurgie […] La maison ne sera plus cette chose épaisse et qui prétend défier les siècles et qui est l'objet opulent par quoi se manifeste la richesse ; elle sera un outil comme l'auto devient un outil… Autrement dit, une maison comme une auto, conçue et agencée comme un omnibus ou une cabine de navire. Ce dont on peut être fier, c'est d'avoir une maison pratique comme une machine à écrire… Considérer la maison comme une machine à habiter ou comme un outil. » (*Vers une architecture*, 1923.)

Walter Gropius : « Le but véritable de la préfabrication n'est certainement pas de multiplier à l'infini et à l'aveuglette, un type quelconque de maison : les hommes se révolteront toujours contre toute tentative de super mécanisation opposée à la vie. Mais l'industrialisation ne s'arrêtera pas au seuil des maisons. Nous n'avons d'autre choix que de relever le défi de la machine et de la soumettre à nos besoins […] L'architecture de l'avenir aura à sa disposition une sorte de jeu de construction, un choix très riche *d'éléments de construction interchangeables*, fabriqués à la machine, qui s'achèteront librement dans le commerce et seront *assemblés en bâtiments de formes et de grandeurs diverses*. Finalement la préfabrication permettra une meilleure qualité à des prix plus bas… » (Lettre adressée au *New York Times*, mars 1947.)

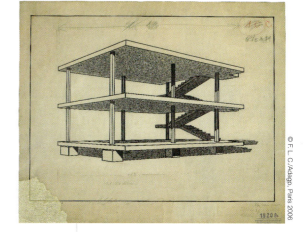

© F. L. C./Adagp, Paris 2006

Jean Prouvé : « Disons le mot, *il faut des maisons usinées* […] Pourquoi *usinées* ? Parce qu'il ne s'agit plus seulement de fabriquer un ou plusieurs éléments d'une maison destinée à être assemblée, mais que tous les éléments correspondent à ceux d'une machine que l'on monte entièrement mécaniquement, sans qu'il soit nécessaire de fabriquer quoi que ce soit sur le chantier. Les matières qui constituent les éléments peuvent être extrêmement variées, aller du bois à l'acier, au béton moulé, et même à la pierre artificielle si on veut. Cela peut être de la construction mixte, métal et bois, métal et matières plastiques ; métal et toutes autres matières à trouver […] Je dois dire que je tiens absolument à ce que l'architecture ne soit pas détruite par l'utilisation de nouveaux matériaux, par la fabrication des éléments d'un coup de presse, comme on sort des Citroën, le capot d'une voiture ou le fuselage d'un avion. Il faut que dans ces constructions, les architectes puissent jouer tout à fait différemment suivant leur goût, leur tempérament et les programmes qu'ils auront à réaliser. » (Conférence, Nancy, 1946.)

Ossature de la maison Dom-ino. « On a donc conçu un système de structure-ossature complètement indépendant des fonctions du plan de la maison : cette ossature porte simplement les planchers et l'escalier. Elle est fabriquée en éléments standard, combinables les uns avec les autres, ce qui permet une grande diversité dans le groupement des maisons. » Le Corbusier

Dans le domaine de la maison individuelle, le recours à la standardisation et à l'industrialisation de prototypes n'aura pas d'avenir en France du moins telles qu'elle furent préconisées par quelques architectes novateurs. Entre 1923 et 1926, Henry Frugès, industriel du sucre, confie deux lotissements à Le Corbusier, des cités ouvrières situées en Gironde. La première, à Lège-Cap Ferret, comprend dix habitations et la seconde, à Pessac, cent trente-cinq maisons groupées pour l'essentiel par trois ou six unités. En 1944, le ministère de la Reconstruction et de l'Urbanisme commande à Jean Prouvé vingt-cinq exemplaires d'un prototype de maison économique industrialisable. Puis le projet s'enlise, les pouvoirs publics ne sont pas convaincus par le mode constructif tout métal adopté. Reposant sur un portique surmonté d'une poutre faîtière qui supporte une toiture en bac acier, il est pourtant des plus ingénieux… Seules dix maisons « Métropoles » seront finalement bâties à Meudon entre 1949 et 1953.

La maison des jours meilleurs

A partir de 1938, Jean Prouvé, ferronnier d'art de formation, se penche notamment sur la conception de maisons individuelles «usinées» pour lesquelles il conçoit diverses structures métalliques porteuses. Ces éléments simples comme le portique axial lui permettent de bâtir rapidement et économiquement des maisons « pour tous », adaptables à divers usages : résidence principale, habitat de vacances ou bâtiment transitoire durant la période de reconstruction qui suivra la Seconde Guerre mondiale, date à laquelle il est interrogé comme expert par les pouvoirs publics. C'est aussi vers Jean Prouvé que se tournera l'abbé Pierre en 1955. Le fondateur des Compagnons d'Emmaüs le sollicite pour étudier une maison bon marché destinée aux plus démunis. Ainsi naîtra une habitation de trois pièces, 52 m² composés d'un séjour et de deux chambres. Sa conception novatrice se distingue par un bloc technique cylindrique situé en partie centrale du bâtiment, séparant le séjour de la cuisine non cloisonnée. Conçu pour être fabriqué en série, cet élément qui concentre l'essentiel des fonctions (chauffage, aération, ventilation, cuisine, salle d'eau et toilettes) est surmonté d'une poutre en tôle pliée supportant la toiture en bac aluminium. Financé par une campagne publicitaire orchestrée par la lessive Persil, le projet ne sera pas mis en production. Sceptique sur la position centrale du bloc technique, le ministère de la Reconstruction et de l'Urbanisme refuse son homologation. Trois prototypes seront néanmoins réalisés. Et, en 1956, l'un d'entre eux est monté en sept heures sur le quai Alexandre III à Paris. Ce beau projet baptisé «la maison des jours meilleurs» devait être commercialisé à un prix modique, 1,5 million d'anciens francs, l'équivalent de quatre 2 CV. ∎

La maison des jours meilleurs conçue par Jean Prouvé pour l'abbé Pierre, 1956.

Aucun programme significatif n'est donc entrepris. La construction de maisons particulières demeure d'ailleurs minoritaire au cours des années 1950. Jusqu'à la fin de la décennie, rappelons que l'industrie automobile soumise au contingentement de matières premières ne peut fournir la demande, une situation qui freine cette mobilité que supposerait le développement de l'habitat individuel en périphérie d'agglomération. Tout comme le réseau routier dans un état médiocre, endommagé par la Seconde Guerre mondiale, et inadapté à l'essor de la voiture et aux vitesses inédites qu'elle autorise. La période de reconstruction achevée, la part de la maison individuelle dans les logements construits reste encore modeste, 25 % en 1960. Il faudra attendre trente ans pour que le mouvement s'inverse. Cette proportion atteint les 50 % au début des années 1990. Depuis 2000, plus de 60 % des logements construits sont des maisons individuelles. Simultanément, l'usage de l'automobile s'est banalisé. Entre 1960 et 2000, le taux de motorisation des ménages a bondi de 30 % à plus de 80 %, cette proportion atteignant 92 % dans les communes rurales, précisément où se construit aujourd'hui l'essentiel des maisons individuelles.

La maison individuelle élue logement idéal

Pour 82 % des Français, la maison représente le logement idéal dont ils souhaiteraient être propriétaires selon une enquête réalisée par le Crédoc en février 2004 auprès d'un échantillon d'un millier d'individus[3]. Dans ce choix, la présence d'un jardin apparaît nettement comme la motivation prioritaire (58 %), loin devant la localisation géographique (45 %), l'environnement immédiat (42 %) ou encore la surface de l'habitation (38 %). Pour 78 % de la population interrogée, cette maison se situerait dans une petite ou moyenne commune, en centre ville (25 %) ou, mieux, dans sa périphérie (36 %), voire dans un hameau (17 %).
Les agglomérations plus importantes n'ont pas la cote, seuls 10 % des sondés indiquent une préférence pour les grandes communes. Quant à la répartition sur le territoire de la maison rêvée, elle dessine trois grandes zones d'implantation recherchées, chacune ouverte sur littoral : la Méditerranée, 17 %, l'Ouest, 14 % et le Sud-Ouest, 14 %. Outre le jardin, les bénéfices attendus de la maison individuelle se résument au calme, au bien être et au confort, tandis que l'habitat collectif est désigné comme une source potentielle de nuisances sonores (85 %) et de conflits de voisinage (70 %). Pour ce qui concerne l'habitation elle-même, la maison individuelle est perçue à 94 % comme le modèle du logement adapté aux besoins, la possibilité de bénéficier d'un service « sur mesure », priorité étant donnée à la qualité des matériaux utilisés (69 %) et à l'insertion de la construction dans le paysage (67 %).

L'architecte, cet inconnu

Au vue de ces réponses, on pourrait logiquement imaginer que les architectes participent activement à la conception des quelque 220 000 maisons qui s'érigent chaque année en France. Pourtant, il n'en est rien. Ils n'interviennent que dans 8 % des projets, l'essentiel du marché étant capté par les constructeurs (62 %), petites ou grandes enseignes comme Maison Phénix pour ne citer que l'une des plus connues (200 000 pavillons vendus depuis sa création en 1946), les artisans (20 %), puis les maîtres d'œuvre (10 %), profession à l'appellation non protégée. Les raisons du phénomène sont multiples : la puissance commerciale et les procédures tranquillisantes des constructeurs (le choix d'une maison « sur catalogue », la livraison clé en main, le contrat de construction) ne sont pas les moindres. La loi de 1977, texte dispensant de faire appel à un architecte pour les constructions inférieures à 170 m² explique aussi largement la position marginale de la profession sur ce marché. 72 % des maisons construites font moins de 150 m² habitables.

9

3. Enquête menée en février 2004 par le Crédoc (Centre de recherche pour l'étude et l'observation des conditions de vie) à la demande de l'UNCMI (Union nationale des constructeurs de maisons individuelle).

4. Ipsos opinion, sondage réalisé en novembre 2002 pour le ministère de la Culture et le groupe Moniteur auprès de 955 personnes selon la méthode des quotas.

Mais la méconnaissance des Français à l'égard de la profession d'architecte joue également un rôle déterminant dans ce phénomène. Une étude réalisée en 2002 par Ipsos opinion[4] indiquait, par exemple, que seule une minorité de la population interrogée attribuait à l'architecte la mission de construire des logements privés (41 %) ou des bâtiments publics (16 %). Ce qui constitue pourtant le cœur de sa mission. Plus nombreux, en revanche, étaient ceux qui envisageaient que l'architecture consistait d'abord à rénover et à réhabiliter des quartiers urbains (53 %) ou le patrimoine ancien (43 %). Cette perception assez floue mêlant architecture, urbanisme et conservation du patrimoine se traduit par une image globalement positive de l'architecte : un gage de qualité pour 52 %, mais une prestation onéreuse : 80 % estimant en effet qu'il est plus coûteux de faire appel à un architecte pour construire. Paradoxe : si 77 % considèrent qu'une maison d'architecte prendra plus de valeur qu'une maison bâtie par un constructeur ou un promoteur, 43 % estiment pouvoir « parfaitement se débrouiller sans lui ». Autrement dit, faire appel à un architecte apparaît comme un investissement rentable, mais nécessitant des fonds, donc réservé aux plus prospères.

Le prix du rêve ■

Comment mettre un terme à une idée reçue si tenace ? En rappelant peut-être que pour considérer le recours à un architecte comme plus coûteux, il faudrait au minimum pouvoir comparer la rémunération de l'architecte aux marges réalisées par les constructeurs. Opération difficile, sinon impossible puisque celles-ci n'apparaissent pas dans le coût global annoncé aux clients. En signalant aussi que le montant des honoraires d'un architecte pour une mission dite « complète » de la conception du projet au suivi de chantier est de l'ordre de 10 à 14 % du montant hors taxes des travaux, tandis que les marges brutes annoncées par les constructeurs se situent entre 20 et 30 %.

5. Chaque année, à l'occasion des trophées Vivrélec, EDF fait réaliser par Ipsos/Caron Marketing une enquête téléphonique sur le comportement des ménages acquéreurs d'une maison individuelle. Cette dernière permet de valider « Qui achète aujourd'hui une maison individuelle et à qui » et « Comment ces achats sont effectués et en fonction de quels critères ». Portant sur un échantillon de 400 ménages ayant obtenu une autorisation de construire au cours du premier trimestre 2005, l'enquête malheureusement ne distingue pas dans la catégorie « Maison d'architecte », les commanditaires d'une maison à un architecte DPLG en mission complète, des foyers ayant fait appel à un maître d'œuvre dont les honoraires sont moindres. Caron Marketing considère que les 400 ménages interrogés ne composent pas à ce niveau une population suffisamment représentative pour autoriser ce genre de distinction de façon fiable.

Mais l'on pourrait également comparer pour ces deux filières les prix obtenus au mètre carré habitable. Si l'on se réfère à une enquête commanditée par EDF[5] ces chiffres sont les suivants, hors prix du terrain : pour l'année 2005, la maison moyenne d'un constructeur fait 116 m² et revient à 114 300 €, soit un coût de 985 €/m². Quant à la maison moyenne d'architecte, sa surface est de 139 m² pour un coût de 154 000 €, soit 1 111/m². Une différence de 126 €/m², 15 120 € pour une maison de 120 m², une somme certes non négligeable, mais de quoi relativiser tout de même cette idée selon laquelle l'architecte serait réservé aux nantis.

Quoi qu'il en soit, l'essentiel des maisons présentées ici ont honoraires inclus un prix de revient inférieur à la moyenne des maisons proposées par les constructeurs. Seules quelques-unes d'entre elles affichent un prix au mètre carré légèrement supérieur : *Balcon en forêt* (1 192 €), *Villa urbaine* (1 014 €/m²), *Oh la belle rouge !* (1018 €/m²) *Cubique* (1117 €/m²), *Maison de vacances* (1159/m²), *Sur la crête* (1221 €/m²). Honoraires compris, leur coût s'inscrit entre 78 166 € et 152 793 €, ce qui correspond au prix attendu par la majorité des Français, 71 % d'entre eux estimant à 150 000 € hors terrain la construction d'une maison individuelle[6]. Leur surface habitable chauffée est comprise entre 64 m² (*Sur la crête*) et 175 m² (*Dans le hangar*).

6) Enquête menée en février 2004 par le Crédoc (Centre de recherche pour l'étude et l'observation des conditions de vie) à la demande de l'UNCMI (Union nationale des constructeurs de maisons individuelle).

Quel que soit leur prix, tous les projets sélectionnés ici ont par ailleurs des qualités que les constructeurs ne peuvent offrir, non par manque de professionnalisme, mais simplement par nature puisque leurs produits sont précisément préconçus, destinés à s'adapter tant au plus grand nombre, le foyer moyen, qu'à une configuration de terrain « moyenne » elle aussi, plutôt plat, carré ou rectangulaire de préférence dans un environnement « standard », si tant est qu'il puisse exister. À l'inverse, les maisons d'architectes sont le fruit d'un dialogue avec leurs commanditaires, elles relèvent de l'ouvrage sur mesure, adapté à un terrain particulier et satisfaisant des demandes spécifiques, souhaits qui, pour certains projets présentés dans les pages qui suivent, n'avaient d'ailleurs pu être exaucés par les constructeurs interrogés au préalable. Très logiquement, nombre d'entre elles ont donc des caractéristiques différentes des maisons types proposées sur catalogue : des surfaces vitrées importantes dont certaines en toitures, des espaces intermédiaires non chauffés mais utilisables et participant pleinement à l'impression d'espace et de confort, des volumes ou des configurations atypiques, des matériaux peu usités dans la construction traditionnelle.

Plusieurs points se dégagent des entretiens réalisés avec les architectes pour la conception de cet ouvrage.

■ L'architecte, pour qui et pour quoi faire ?

■ On ne se trompe pas de porte en consultant un architecte sur un projet dont le budget est limité. Les architectes interrogés sont unanimes sur ce point. « De plus en plus de clients viennent nous voir avec des budgets qui sont ceux des constructeurs, note Laurent Vilette de l'Atelier Provisoire. Le phénomène est très satisfaisant et ça nous intéresse d'y répondre : il nous semble important d'apporter de l'architecture là où on pourrait penser qu'il n'y en a pas. Travailler avec des budgets normaux, classiques ne peut être qu'une bonne chose. »
« Il n'y a pas des architectes pour riches et des architectes pour pauvres, souligne Sophie Courrian. Respecter les contraintes fait pleinement partie de la profession et la contrainte budgétaire est l'une des plus importantes. Un budget de 100 000 € pour une maison individuelle constitue une demande recevable. Après, il faut que je perçoive une connivence avec le commanditaire car si je pressens que nous serons en conflit, le jeu n'en vaut pas la chandelle. Il est indispensable que l'aventure tente les deux parties car une maison, quel que soit son prix, exige de part et d'autre du temps et des concessions. »
« Rencontrer plusieurs architectes pour trouver la sensibilité la plus adéquate avec son projet » conseille Laurent Vilette.

■ L'échange s'établissant avec l'architecte est primordial. À l'inverse du constructeur, l'architecte nourrit son projet des indications, goûts, réflexions de son commanditaire.
« J'ai besoin d'aller chez les gens pour percevoir leur façon d'habiter, remarque Mickaël Tanguy, discuter avec eux pour sentir comment ils s'imaginent dans leur future maison.
Face à quelqu'un de fermé, les idées peinent à venir, je manque de carburant. » Une opinion partagée par Eric Lanusse : « La discussion est essentielle, elle formule les désirs, hiérarchise les besoins, détermine les choix. Sans elle, c'est le grand vide, je n'arrive pas à dessiner. » Un dialogue s'instaure et la démarche demande évidemment plus d'efforts que de commander une maison « clé en main ». Elle est aussi plus enrichissante. « J'ai pu remarquer que ce sont souvent avec les clients les plus modestes que s'effectuent les rencontres les plus marquantes. »

■ La recherche de l'adéquation terrain-bâtiment, préoccupation majeure. En évoquant leur projet, nombre d'architectes ont commenté autant, sinon davantage, le terrain et son environnement que de la maison elle-même, l'un expliquant l'autre. Le volume de la maison rouge de Raphaëlle Segond se déduit du souhait de cadrer la vue depuis la pièce à vivre en masquant le lotissement qui s'étend en contrebas. De même, le dispositif de plancher décollé des murs dans la *Villa urbaine* conçue par la même architecte est une manière de s'affranchir d'une parcelle enclavée particulièrement sombre. Les 30 m de long de *La maison dans la clairière* de l'Atelier Provisoire ne sont pas un effet de style. Cette dimension correspond elle aussi à une intention particulière. Et l'on pourrait multiplier les exemples. La végétation du terrain suggère la volumétrie du *Refuge* de Michaël Osswald, comme elle inspire la verrière qui ceinture la toiture de *La halle à habiter* de Mickaël Tanguy. Etc. Déterminée par des paramètres multiples et variables, la question de l'adaptation au terrain est insoluble pour les maisons type. En la matière, l'intervention du constructeur ne peut relever, au mieux, que du choix judicieux de l'implantation de son produit sur la parcelle : orienté à droite, à gauche, déposé en limite de propriété ou au milieu… Une opération qui relève somme toute du parachutage, avec les imprécisions afférentes à ce mode de livraison expéditif.

■ **Sur mesure.** S'il fallait encore donner du corps à la notion de conception « sur mesure » caractérisant les habitations présentées ici, il suffirait d'observer l'implantation et les dimensions de leurs ouvertures. Aucune n'est interchangeable. L'essentiel d'entre elles sont motivées par une intention. Les trois imposes vitrées installées sur la façade ouest de la maison *Sur la crête* apportent la lumière du soleil couchant selon les vœux de son habitante. La fenêtre en bandeau de la maison *Dans la verdure* cadre le chemin d'accès à la propriété. La grande baie sud de *La maison radicale* offre une luminosité dont aucune des maisons du lotissement où elle située ne peut se prévaloir. L'étage entièrement vitré de la maison *Dans les arbres* installe les occupants au beau milieu de la végétation. Et ainsi de suite. Les meurtrières du *Balcon en forêt* installent un rapport direct avec l'extérieur, le pendant vertical des grandes baies du séjour positionnées à l'est. Le procédé n'est pas qu'un concept, il répond à un contexte. Orientées plein est, ces baies profitent de la course basse du soleil de l'hiver, participent au confort thermique de la maison et aux économies d'énergie qui en découlent. « L'orientation de la bâtisse et le choix des ouvertures sont une préoccupation clé de l'architecte », souligne Vincent Poeymiroo. Suivant le même schéma, on pourrait également détailler les plans de chaque habitation, commenter certaines options qui permettent d'offrir une surface et un volume inédits en regard d'une maison type (Michel Bazantay et Sylvain Gasté/*Dans le hangar*, Cécile Gaudouin et Alexandre Favé/*La maison tunnel*).

■ **Construire grand et pas cher n'est pas irréaliste.** À ce sujet, plusieurs architectes ont évoqué la maison Latapie de Anne Lacaton et Jean-Philippe Vassal. Cette habitation construite en 1993 proposait une surface utilisable de 185m² pour 451 000 francs de l'époque (moins de 69 000 €). Projet très remarqué qui fut largement publié, la maison se distingue radicalement de la construction traditionnelle en empruntant avec talent un mode constructif et des matériaux issus des hangars agricoles ou des entrepôts constellant les zones industrielles. À l'intérieur d'une ample charpente métallique, une grande caisse de bois est assemblée : la maison, protégée, côté rue, par un bardage en plaques de fibrociment, et prolongée, côté jardin, d'une vaste serre toute hauteur en plaques de polycarbonate ondulées. Soucieux de donner beaucoup avec peu de moyens, les architectes réussissent-là un bâtiment devenu culte, un modèle pour beaucoup de la maison très économique, simple et efficace, sans concession quant à l'image attendue de l'habitation, pauvre peut-être aux yeux de certains par ses matériaux à la robustesse éprouvée, mais d'une générosité inhabituelle quant à l'espace habitable offert, 122 m², complété d'une serre habitable de 63m². L'ensemble au prix du plus modeste des pavillons de banlieue.

Page précédente : la serre, espace non chauffé intermédiaire entre l'habitation et le jardin propose un volume généreux à utiliser dès les beaux jours.
En bas : la serre vue des fenêtres de la cuisine.

Construite en 1993, la maison Latapie d'Anne Lacaton et Jean-Philippe Vassal s'est imposée pour beaucoup d'architectes comme un modèle pertinent de la maison économique.
Ci-dessus : la façade jardin prolongée par une serre toute hauteur en polycarbonate ondulé ajoute un jardin d'hiver de 63 m² aux 122 m² habitables.

■ Bénéficier d'une surface importante en disposant d'un budget limité implique des concessions qui peuvent contrarier le caractère éminemment statutaire attribué à la maison, un achat mûrement réfléchi, sans doute le plus important de tous, lourd d'implications affectives, financières, sociales, notamment lorsqu'on devient « propriétaire » pour la première fois. « Une grande maison à coût réduit, nous savons faire, note Laurent Vilette. Mais cela suppose des choix et des compromis. Exemple : *La maison dans la clairière* reçoit en bardage et toiture une tôle nervurée laquée… Visuellement, beaucoup ne supportent pas ce matériau connoté industriel, il peut donc représenter une moindre qualité d'image qu'il faut assumer. » Ce qui n'est pas toujours le cas estime Patrick Partouche : « Des clients désireux de grandes surfaces avec un petit budget, il y en a… Mais peu sautent le pas en choisissant des options radicales. Ils restent assez frileux quant au choix des matériaux… Et finalement ils reculent, ne veulent pas prendre de risque : que vont en penser les voisins ? la famille ? L'aspiration vers ce genre de maison est freinée par le regard des autres. » Et par l'idée que chacun se fait d'une maison ajoute Michel Bazantay : « Est-ce plutôt un objet comme un autre, transitoire, ou représente-t-elle l'image même de la pérennité, le durable, la pierre qui traverse le temps pour s'inscrire dans une transmission patrimoniale ? »

■ L'architecture sans client. Nous avons glissé dans le livre deux projets particuliers, *Le refuge* (Michaël Osswald), et *Variation sur la grange* (Jean-Baptiste Barache), deux maisons dont les architectes sont à la fois les commanditaires et les artisans, les ayant construites par eux-mêmes, en partie seulement pour le premier, mais presque totalement pour le second. Ces bâtiments sont intéressants au moins à deux titres. Economiquement, ils livrent une information sur le prix de revient d'une habitation avec un coût de main-d'œuvre réduit au minimum et sans honoraires d'architecte, des maisons, en somme, dont le prix se résume peu ou prou à l'achat des matériaux. On remarquera que les prix obtenus sont hétérogènes, en raison notamment du fait que Jean-Baptiste Barache a fait un appel très réduit aux entreprises, et des prestations choisies par chacun. Les deux maisons donnent aussi une idée de ce que peut être une architecture sans autre client que l'architecte lui-même, sans contraintes en quelque sorte, sinon celles qu'il s'est fixées. Il en résulte des projets plus atypiques, intégrant notamment une réflexion sur les usages courants de l'habitation, la partition ou la fonction des pièces.

■ La maison à 100 000 € ? En proposant par diverses mesures de bâtir des maisons à prix de revient raisonnable pour des foyers aux revenus modestes, la loi Borloo est éminemment positive. Il reste à savoir comment elles seront conçues, avec quelle logique ? Celle des constructeurs, qui ont un savoir-faire indéniable dans le domaine du marché de masse et dont les structures sont aptes à répondre aux quelque 20 000 maisons projetées dans les deux années à venir ? Où celle des architectes ? En juillet 2005, Jean-Louis Borloo, ministre de la Cohésion sociale, lançait une consultation baptisée « Logements optimisés CQFD, Coût, Qualité, Fiabilité, Délais » afin de recueillir un vivier de projets sur la construction de maisons à 100 000 €. À consulter les fiches techniques de la première vague des projets lauréats, il apparaît que les prix au m² obtenus pour ce qui concerne strictement la maison individuelle isolée et non l'habitat groupé ou le bâtiment collectif sont de l'ordre des projets présentés ici, parfois un peu plus chers, entre 800 et 1200 €/m² HT, selon les prestations fournies.

L'activité des architectes en France

On dénombre 27 496 architectes et agréés en architecture inscrits au tableau de l'Ordre, dont 79 % d'architectes titulaires du diplôme DPLG, ce qui constitue une population relativement faible par rapport à d'autres pays européens. Il y a néanmoins suffisamment d'architectes soucieux de bâtir des maisons à prix de revient raisonnable pour en faire un livre. Et même plusieurs. Car s'ils ne sont pas pléthore à se positionner spécifiquement sur ce créneau, tous les architectes ont pour vocation de répondre à un projet pourvu que son budget soit réaliste. Peu refusent donc de jouer le jeu lorsque l'occasion se présente, sauf à travailler en priorité pour les commandes des collectivités locales et du secteur public. Un sondage réalisé en 2004 auprès de la profession indique que près des deux tiers des architectes ceux qui exercent leur activité en individuel, à titre libéral œuvrent pour les particuliers. Quant aux architectes associés dans une agence, ils déclarent s'occuper davantage de logements collectifs (60 %), ou d'équipements publics (40 %). Pour autant, cela ne signifie pas qu'ils ne conçoivent pas de maisons individuelles. Tous statuts confondus, les particuliers figurent d'ailleurs au premier rang des donneurs d'ordres de la profession. Ils assurent 57 % des commandes, juste devant l'Etat et les collectivités locales (55 %), puis les promoteurs ou aménageurs privés (32 %).

Source : Statistiques 2004 de l'Ordre des architectes.

Depuis plusieurs années, quelques bailleurs sociaux mettent en œuvre des programmes de lotissements plaçant l'architecture au premier rang de leurs préoccupations. Aux environs de Nantes, dans la commune rurale de Rezé, Atlantique Habitations a ainsi commandé à six équipes d'architectes la réalisation de trente maisons à 100 000 € qui furent livrées en 2005. Réglant des loyers de l'ordre de 350 € à 600 € environ selon les surfaces, leurs locataires se déclarent plus que satisfaits d'expérimenter des solutions architecturales plus généreuses que les prestations standard des pavillons classiques constituant d'ordinaire ce genre de programme. Architectes : Jacques Moussafir (Paris), ACC Stalker (Rome), Marin & Trottin (Paris), Jumeau & Paillard (Paris), l'Australien (Sydney), Actar Architectura (Barcelone).

Variation sur la grange

JEAN-BAPTISTE BARACHE

Dans un grand volume qui pourrait être une grange, ou une chapelle, j'ai souhaité installer sans a priori les usages courants d'une habitation, se laver, dormir, cuisiner, manger… », souligne l'architecte en évoquant sa propre maison située en bordure d'un village normand. Disposant d'un budget limité – 70 000 € –, Jean-Baptiste Barache, qui souhaitait néanmoins bénéficier d'une surface et d'un volume confortables, ne pouvait faire autrement que de trouver les solutions les plus économiques.

A droite : le pignon nord et la façade est. L'ensemble de l'habitation est en bois, y compris sa couverture en bardeaux de cèdre.

Ci-desssous : le pignon sud entièrement vitré est équipé de châssis de bois ventilant la maison.

© Michel Tran-Ngoc

© Michel Tran-Ngoc

Au rez-de-chaussée, la baignoire est nichée dans un placard dont les deux portes, une fois ouvertes, font paravent pour composer un espace salle de bains de 12 m² percé d'une large fenêtre à l'est.

« Loin de desservir le projet, cet impératif l'a véritablement cadré, m'obligeant à un certain pragmatisme qui participe à la personnalité et à l'unité du lieu. » La maison sera en grande partie autoconstruite par l'architecte lui-même, épisodiquement secondé par son frère. Hormis les fondations et les quatre fermes en lamellé-collé constituant la structure de l'habitation – réalisée par des charpentiers –, son prix de revient se résume donc au coût des matériaux achetés durant les dix-huit mois du chantier. Au-delà de l'autoconstruction, plusieurs choix ont aussi permis de maîtriser les dépenses : le lamellé-collé en structure, les dalles d'aggloméré de bois au sol, ou les panneaux de contreplaqué de pin en parement intérieur et agencement, laissés bruts, sans lazure ni peinture. A cet égard, les dimensions de la maison sont d'ailleurs calculées pour minimiser les chutes de ces panneaux de 2,50 m x 1,25 m. Quant à l'ensemble des châssis

18

© Michel Tran-Ngoc

© Michel Tran-Ngoc

de fenêtres, ils sont fabriqués à partir de la récupération d'éléments de décor de cinéma : « Le bois a cette particularité de pouvoir être remis à neuf d'un coup de rabot, qu'il ait été peint ou griffé. » En repensant la grange traditionnelle, Jean-Baptiste Barache s'est inspiré de sensations d'enfance pour cette maison vouée à s'abstraire de la vie citadine. C'est ainsi qu'on retrouve la large ouverture au sud caractérisant les hangars à fourrage et un agencement intérieur qui génère des points de vues variés et offre toute sorte de recoins et cachettes. A l'instar d'une grange, de petits espaces se nichent dans le grand volume. Cette partition est obtenue par une boîte suspendue à mi-hauteur de l'habitation. Elle structure l'espace sans le cloisonner, générant un lieu pour chaque usage : repas, bain, bibliothèque sous la boîte, séjour et prise de soleil devant, couchage dedans, espace de travail au-dessus.

Sous la boîte accueillant l'espace nuit, la cuisine-salle à manger (40 m²) est implantée au nord. Tous les rangements du rez-de-chaussée sont reportés en périphérie de la pièce dans des caissons (15 m de long) permettant de laisser l'espace libre de mobilier. Leur face supérieure forme le plan de travail de la cuisine, le plan de toilette de la salle de bains et, côté salon, une longue console, à utiliser comme banc ou étagère. Ci-dessous : la bibliothèque, adossée à l'escalier conduisant à la boîte.

Le pignon vitré installe le séjour laissé toute hauteur dans une relation directe avec le paysage. Ci-contre : le séjour et sa terrasse vus depuis le second niveau de l'habitation, le dessus de la boîte.

L'accès à la maison s'effectue au nord par une porte dérobée, portion de mur montée sur pivots. Elle s'ouvre sur une grande cuisine-salle à manger et sa table de bois, une référence à cette pièce polyvalente des fermes où se déroule l'essentiel de la vie de famille. Au rez-de-chaussée, sous la boîte toujours, la baignoire est escamotée dans un placard dont les deux portes une fois ouvertes annexent une partie de la circulation et forment paravent. Elles définissent alors une salle de bains de 12 m², une belle surface avec une large fenêtre à l'est.

 © Michel Tran-Ngoc

Le séjour, 40 m² sur une hauteur de 7,50 m, crée une relation directe avec le bocage normand via le pignon sud entièrement vitré, ouvert par deux larges portes sur une terrasse de mélèze qui prolonge la maison vers les prés.

Au premier étage, nous sommes dans la boîte, maison dans la maison, qui dessert trois modules de couchage inspirés du lit clos breton et composés chacun d'un lit double et d'une étagère. Au nord, ce volume en tube est ouvert sur le paysage. Il est clos, à l'autre extrémité, par un panneau de polycarbonate opalin filtrant la lumière du sud. Une échelle permet de grimper sur la boîte pour rejoindre l'espace de travail surplombant le séjour, 4,50 m plus bas.

La maison n'est pas reliée au réseau électrique. Non pas pour des raisons économiques ou écologiques, mais par souci esthétique, afin de redécouvrir les lumières naturelles : l'aube, le crépuscule, le clair de lune ou les étoiles et aussi la flamme des lampes à pétrole. L'architecte évoque *L'Eloge de l'ombre* de l'écrivain japonais

A gauche : à mi-hauteur de l'habitation, la boîte dévolue à l'espace nuit est close côté sud par un panneau de polycarbonate.

A droite : surplombant le séjour, le niveau supérieur de la boîte accueille un espace bureau.

21

Junichiro Tanizaki, plaidoyer pour la valeur esthétique de l'ombre dans la tradition nippone par opposition au culte de la lumière développé par l'Occident. « Voir comment l'absence d'électricité pouvait influer sur le mode de vie m'intéressait. » La cuisinière et le chauffe-eau sont alimentés au gaz. L'ensemble de la maison est ventilé naturellement par des trappes dans le plancher et des volets sur le pignon sud. L'été, l'incidence de l'ensoleillement sur le volume habitable est faible. L'hiver, la course du soleil est basse et la maison est alors baignée de lumière, chauffée par l'effet de serre. Le chauffage d'appoint est assuré par un poêle de masse, un réseau de briques montées à l'argile dans lequel circule une longue flamme. Ce procédé d'origine nordique permet en une flambée d'accumuler dans les briques une énergie telle qu'elle se diffusera durant plus d'une douzaine d'heures.

A l'extérieur, la couverture du sol au faîtage réalisée en bardeaux de cèdre rouge est peut-être la seule coquetterie de cette maison-grange. En raison de la proximité avec une construction classée monument historique, l'architecte précise que le Service départemental de l'Architecture ne lui laissait qu'un choix limité : ardoise ou bardeaux. Ce sera donc des bardeaux, des écailles de bois, légères, résistantes, imputrescibles, faciles à mettre en œuvre par clouage sur les liteaux. Selon la météo, elles évoluent d'une teinte argentée sous le soleil vers un orange brillant par temps pluvieux. Puis elles se grisent avec l'âge, accrochent les lichens. Il en résulte une enveloppe vivante, vibrante, au diapason de cette maison résolument particulière.

22

En haut : principalement utilisée le week-end, la maison n'est pas reliée au réseau électrique afin d'expérimenter un mode de vie différent en profitant des lumières naturelles. L'éclairage est assuré par des lampes à pétrole.
En bas : l'une des trois cabines-chambres de la boîte : un lit double, quelques étagères.

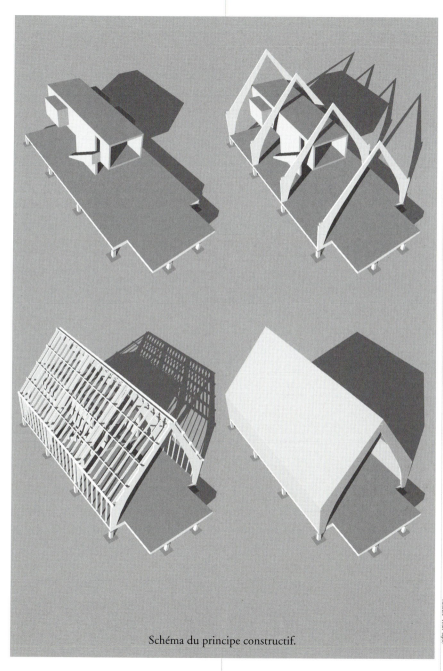

Schéma du principe constructif.

DESCRIPTIF

- Architecte : Jean-Baptiste Barache
- Coût : 71 030 € TTC
- Surface au sol : 120 m² + 25 m² (dans la boîte) + 25 m² (sur la boîte)
- Prix au m² : 417 €
- Volume habitable : 600 m³
- Hauteur sous faîtage : 7,50 m
- Chauffage : poêle de masse, briques et argile
- Matériaux utilisés :
Charpente : lamellé-collé de pin et pin massif
Enveloppe externe : bardeaux de red cedar
Enveloppe interne et agencements : panneaux de contreplaqué de pin
- Durée des études : 6 mois
- Durée du chantier : 18 mois
- Localisation : Seine-Maritime
- Livraison : 2006
- Charpente et fondations : 30 500 € TTC
- Fournitures autres lots : 40 530 € TTC

- Total HT : 57 108,12 €
- TVA 19,6 % : 13 921,89 €
- Total TTC : 71 030 €

© Michel Tran-Ngoc

Détail de la couverture en bardeaux.

La halle à habiter

M I C K A Ë L   T A N G U Y

Pour bâtir sa propre maison, l'architecte Mickaël Tanguy a porté son dévolu sur une parcelle située à une encablure de son agence, un terrain en pente douce, généreusement boisé sur ses flancs. L'endroit est verdoyant, mais non sans inconvénient puisqu'il s'aperçoit à la première visite que la végétation le prive d'ensoleillement dès 16 heures. « Devoir allumer l'électricité au milieu de l'après-midi me semblait inconcevable et profondément déprimant », se souvient-il. Pour autant, il ne souhaite pas renoncer à cette proximité idéale avec son lieu de travail et entreprend de construire en se fixant pour objectif de capter le maximum de lumière naturelle.

« L'idée constructive est très simple : poser un ensemble de trois chambres d'enfants au-dessus d'un rez-de-chaussée composé de fenêtres les plus grandes possibles. Il fallait donc éviter une structure lourde de type parpaings afin d'échapper à un grand nombre de poteaux de soutènement qui viendraient perturber l'intention d'ouvrir largement les façades sud et nord de la maison. » Cette option maçonnerie écartée, Mickaël fait réaliser deux devis d'ossature, l'une en bois et l'autre en métal, se révélant 5 000 € plus chère. La décision

Coté est, l'habitation est opaque. Le bardage de contreplaqué marine dissimule l'unique chambre du rez-de-chaussée et sa salle de bains attenante.

© J. -P. Roze

Deux volumes superposés. Vitré sur la quasi-totalité de sa longueur, le parallélépipède du rez-de-chaussée reçoit la pièce de vie et la chambre des parents tandis que le trapèze de l'étage bardé de plaques de fibre-ciment accueille le domaine des enfants, une salle de jeux, une salle de bains et trois chambres aux fenêtres horizontales.

est vite prise : la maison sera réalisée en bois et l'argent ainsi économisé permettra de financer un chauffage par plancher radiant au rez-de-chaussée. Le seul luxe d'équipement du lieu réside dans une verrière de toit venant ceinturer le bâtiment en son centre pour éclairer l'espace intérieur d'une lumière zénithale. Spécialisé par conviction dans la construction de maisons aux prix de revient raisonnables, Mickaël applique ici les choix constructifs qu'il préconise à ses clients. Avec ses deux volumes superposés, l'aspect formel du bâtiment se garde de toute sophistication. Quant aux matériaux utilisés, ils sont au diapason. Le revêtement extérieur est constitué au rez-de-chaussée de contreplaqué marine et, à l'étage, de fibre-ciment, ce même produit utilisé dans les porcheries. Ses avantages ? Un prix modique et une résistance à toute épreuve autorisant le nettoyage au jet à haute pression. De plus, sa couleur pierre se fond naturellement dans l'environnement.

À l'intérieur, la même simplicité s'impose puisque ce sont les matériaux de structure qui font office de parements : les plaques de triply constituantes de l'ossature bois habillent donc l'essentiel des murs, et elles composent également le plancher de l'étage. Vernis ou peints, ces panneaux de particules de bois ont l'aspect chaleureux du liège tout en procurant une endurance éprouvée, « cette matière qui ne craint rien est parfaite pour les jeunes enfants ».

Parmi les autres trouvailles, on note aussi l'escalier conçu avec deux poutrelles métalliques ou les garde-corps de la mezzanine réalisés avec ce grillage à trame carrée qui pourvoit d'ordinaire les clôtures des poulaillers. L'ensemble est lumineux, extrêmement rationnel. En haut, le royaume des enfants et leur palier-salle de jeux ; en bas, la chambre de parents jouxtant une grande pièce à vivre ouverte sur le jardin. Deux espaces qui dialoguent joyeusement entre eux, sincèrement, sans esbroufe, ni faux-semblants. « Une halle à habiter », résume son architecte.

Vissés sur l'ossature bois, les panneaux de contreplaqué marine sont peu onéreux et d'entretien facile. Page de droite : en surplomb, le volume de l'étage compose un brise-soleil abritant le séjour.

© J.-P. Roze

Salle de bains exceptée, le rez-de-chaussée est entièrement vitré sur ses flancs par des baies coulissantes côté sud et des panneaux de polycarbonate translucide au nord.

A gauche : en toiture, la verrière ceinturant l'habitation capte la lumière zénithale et cadre la cime des arbres.
A droite, en haut et en bas : vues de la pièce principale ouverte au sud sur le jardin.

En haut : à l'étage, la galerie-salle de jeux dessert
les trois chambres et la salle de bains.
En bas : l'espace salle à manger.
A droite : la pièce à vivre regroupant d'ouest en
est les espaces cuisine, salle à manger et salon
bénéficie pleinement du dispositif de verrière en
toiture.

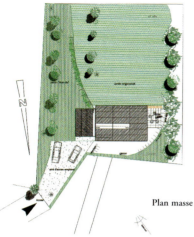

Plan masse

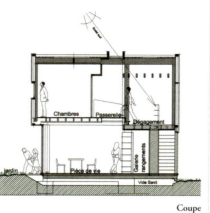

Coupe

DESCRIPTIF

- Architecte : Mickaël Tanguy
- Coût : 97 000 € TTC (hors honoraires)
- Prix/m² : 709 €
- Surface : 151 m²
- Chauffage : plancher chauffant électrique
- Matériaux utilisés : structure bois, contreplaqué marine et fibre-ciment en bardage
- Durée des études : 6 mois
- Durée du chantier : 6 mois
- Localisation : Ille-et-Vilaine
- Livraison : 2001

- Lot 01 : gros œuvre, terrassement 12 361,60 € HT
- Lot 02/03 : charpente bois, bardage façade 21 986,20 € HT
- Lot 04 : couverture 7 550,27 € HT
- Lot 05 : menuiseries aluminium 12 395,78 € HT
- Lot 07 : menuiserie bois 7 215,41 € HT
- Lot 08 : électricité VMC 3 823,88 € HT
- Lot 09 : plomberie 9 591,79 € HT
- Lot 10 : revêtement sol et chape 6 200 € HT

- Total HT : 81 124 €
- TVA 19,6 % : 15 900 €
- Total TTC : 97 024 €

- NB : en raison de « l'ancienneté » de la construction, il conviendrait de majorer le devis pour chaque lot d'environ 15 % pour obtenir des tarifs d'actualité.

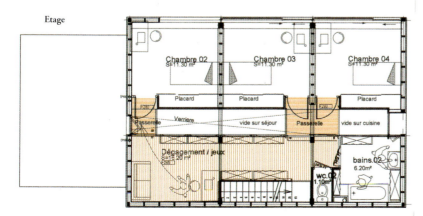

Rez-de-chaussée

Etage

Le refuge

Vue en plan, la maison que s'est dessinée l'architecte Michaël Osswald a des allures de cocotte en papier ou de cerf-volant disloqué, à moins qu'il ne s'agisse d'une pièce retrouvée d'un puzzle d'enfance. Ce polygone délibérément irrégulier ne révèle son sens qu'en volume, sur le terrain pour lequel il a été modelé avec soin : un long goulot de 58 m, étroit de 16 m, boisé de chênes centenaires sur sa partie ouest. Dans ce village en cul-de-sac aux confins de l'Alsace et de la Moselle, nous voilà en pleine forêt de Saverne et à moins d'une heure de Strasbourg : un endroit que l'architecte a jugé idéal pour se bâtir une maison atelier et cultiver son jardin en famille.

A contre-courant des quelques bâtisses avoisinantes, la maison n'est pas implantée sur la rue, mais en fond de jardin. Un choix déterminé par l'analyse méthodique des meilleures vues, proches ou lointaines, que pouvaient procurer le terrain et son bosquet de chênes auquel l'architecte est très sensible. Se contenter de le conserver lui semble d'ailleurs très insuffisant, il souhaiterait le valoriser davantage en lui faisant jouer un rôle effectif dans l'habitation.

Principalement guidée par le cadrage du paysage, la volumétrie du bâtiment s'écarte des conventions orthogonales d'usage. Sa géométrie variable selon les expositions compose un volume assez énigmatique de l'extérieur, en partie sur pilotis, panachant, en toute discontinuité, des façades aveugles à l'est et

MICHAËL OSSWALD
G. STUDIO

au sud mais généreusement ouvertes au nord, au sud-est et ouest. Conçue au diapason, la toiture qui adopte des hauteurs diverses est complétée d'un édicule trapézoïdal recevant deux panneaux solaires au sud et une fenêtre de toit au nord.

Passé le seuil couvert de la maison, les intentions de l'architecte deviennent lumineuses. L'espace entièrement décloisonné se développe en s'étirant vers les vues recherchées avec un souci de varier les cadrages. Au nord, dans l'atelier, une baie (3 m x 4 m) contemple l'environnement proche, le jardin se déroulant jusqu'à la rue. Elle organise un format vertical à la dimension des plantations. A l'ouest, le séjour prolongé d'une terrasse se love dans le terrain prenant les chênes pour parasols. Dans la chambre dont l'accès s'effectue par deux marches depuis le séjour, le volume de l'habitation est intentionnellement tassé. Hauteur sous plafond : 1,88 m. Cet espace se trouve dilaté par la baie sud-est toute hauteur qui s'étend sur 5 m de long. L'effet obtenu est saisissant : une vision en cinémascope sur le lointain, jusqu'à la forêt, par-delà les jardins voisins. Bien que la maison soit située dans un hameau, presqu'aucune habitation ne vient perturber le regard, quel que soit le point de vue.

La volumétrie de la maison laisse perplexe, notamment sur cette façade est, en partie aveugle et plutôt énigmatique quant au plan adopté par l'habitation. A droite, la porte d'entrée est dissimulée par un seuil couvert.

Des tentures de feutre naturel montées sur rails assurent le rôle de parois mobiles pouvant refermer une pièce, le cas échéant. Une fonction qui demeure accessoire car l'aménagement intérieur jouant sur les hauteurs sous plafond et les cadrages verticaux et horizontaux génère de lui-même des espaces distincts. L'intention ? Créer une surface favorisant le nomadisme, la déambulation au cours de la journée, composer un lieu polyvalent où l'on puisse s'installer ici ou là, selon l'envie du moment, besoin de soleil ou d'ombre, de solitude ou de convivialité. C'est ainsi que les lieux ne sont pas figés dans une fonction trop spécifique. La chambre est bien une chambre avec sa salle de bains attenante, mais le lit monté sur roulettes coulisse dans un placard de telle sorte qu'il fait aussi canapé. Elle est donc également un salon, plus intime, voué davantage à la contemplation eu égard au panorama dans lequel elle immerge les occupants.

Une partie de la façade nord recevant la porte d'entrée de l'habitation et un chassis vitré sur l'édicule de toiture.

Surdimensionnées, les deux baies vitrées de la maison alternent les cadrages. Vertical -3 m x 4 m- dans l'atelier (en haut), horizontal dans la chambre -5 m x 1,88 m- installée sur pilotis (en bas).

Conçue comme une maison de week-end avec un souci clairement hédoniste de jouir du paysage, l'habitation s'évertue néanmoins à respecter la nature dans laquelle elle s'insère. D'où ses panneaux solaires assurant le chauffage de l'eau, sa ventilation naturelle par un puits canadien ou son chauffage par poêle scandinave à haut rendement que vient juste soutenir un plancher chauffant électrique installé dans l'atelier pour les jours de grand froid. Sa toiture est végétalisée, « de façon à ne pas consommer de territoire juste pour mon bon plaisir et restituer à la végétation l'emprise de la maison qui lui a été soustraite ».

Bâti avec un budget limité, en partie en autoconstruction avec la famille et des amis, ce refuge de dimensions modestes que lcs confrères de Michaël ont baptisé « Mic'House » fut pour l'architecte une expérience formatrice. « Se frotter à la réalité d'un chantier en mettant

A l'ouest, la terrasse se déploie sous les chênes utilisés comme parasols.

la main à la pâte, expérimenter le plaisir de travailler le bois au grand air, de discuter avec les artisans beaucoup plus longuement que d'habitude, s'instruire des recettes de chacun… simplement joindre l'utile à l'agréable. »

En haut : attenante à la chambre, la salle de bains dispose d'une baignoire encastrée dans le sol d'où on profite du paysage. En bas : le séjour et, la cloison textile mobile destinée à isoler la chambre. Ci-contre : dans la chambre à coucher, la vue depuis le lit plonge dans le lointain du paysage.

L'habitation adopte la structure traditionnelle des constructions en pans de bois.

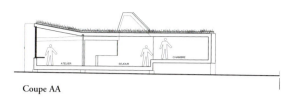

Coupe AA

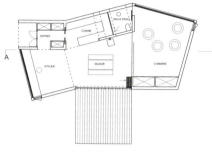

Rez-de-chaussée

Plan de toiture

Façade ouest

Façade nord

Façade est

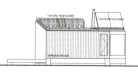

Façade sud

En toiture, deux panneaux solaires (4 m²) assurent le chauffage de l'eau.

DESCRIPTIF

■ Architecte : G. Studio/Michaël Osswald
■ Coût : 77 000 € TTC (hors honoraires)
■ Surface : 84 m²
■ Prix/m² : 892 €
■ Chauffage : poêle à bois et plancher chauffant électrique en appoint dans la pièce atelier
■ Matériaux utilisés : structure épicéa, bardage en planches de mélèze brut, panneaux de 3 plis d'épicéa en parements intérieurs
■ Durée des études : 6 mois
■ Durée du chantier : 12 mois
■ Localisation : Alsace
■ Livraison : 2005

■ Lot 01 : Fournitures pour le terrassement, l'assainissement, les fondations, uniquement 4000 € TTC
■ Lot 02 : charpente bois [Hopfner, Thal-Marmoutier] 20 000 € TTC
■ Lot 03 : étanchéité, zinguerie [Giessler à Saverne] 13 000 € TTC
■ Lot 04 : isolation [Isoleco, Saint-Dié-des-Vosges] 5 000 € TTC
■ Lot 05 : menuiserie extérieure. Fourniture uniquement [Bader, 68] 11 000 € TTC
■ Lot 06 : bardage en mélèze. Fourniture, uniquement [Mombert, 57] 4 000 € TTC
■ Lot 07 : poêle scandinave [Art et Faïence, Rixheim] 4 000 € TTC
■ Lot 08 : panneaux solaires [A Wehrung, Osthoffen] 6 000 € TTC
■ Lot 09 : finitions intérieures Fourniture uniquement : 6 000 € TTC
■ Lot 10 : électricité, sanitaires. Fourniture uniquement : 4 000 € TTC

■ Total HT : 61 908 €
■ TVA 19,6 % : 15 092 €
■ Total TTC : 77 000 €

■ Non compris dans ce prix : main-d'œuvre pour certaines prestations, et honoraires d'architecte

39

Dans les arbres

ERIC LANUSSE

Aux environs de Lacanau, à l'extrémité d'un lotissement datant d'une vingtaine d'années, une bande tout en longueur envahie par les pins s'étend en contrebas de 3 m par rapport à la route… Cette parcelle exigeant des aménagements coûteux pour y implanter une maison individuelle n'avait a priori aucun atout pour bâtir dans des budgets serrés. C'est pourtant ce terrain atypique que choisissent d'un commun accord Laurent et son conseil, Eric Lanusse, concepteur de maisons en bois, avec l'intention de construire pour 100 000 €.

Compte tenu de la somme allouée, le parti pris adopté consiste à laisser le terrain tel que pour tout investir dans le bâtiment. Les travaux de terrassement et la coupe des arbres seront donc réduits au strict minimum de façon à profiter pleinement du charme agreste du lieu. Pour cette même raison, aucun chemin d'accès en voiture ne sera aménagé, Laurent ne voyant pas d'inconvénient à garer son véhicule sur l'emplacement public le plus proche.

L'habitation se déploie en hauteur afin de limiter les coûts de fondation et de toiture. Mais aussi pour bénéficier du jeu de la lumière naturelle dans la cime des arbres et offrir une vue dégagée à l'habitation. Le projet adopté tourne le dos à la rue par une façade nord aveugle recevant, à l'étage, la porte d'entrée dont l'accès s'effectue via une passerelle surplombant le terrain. Elle distribue un cellier, l'escalier menant au rez-de-chaussée et s'ouvre sur la cuisine intégrée au séjour. Cette pièce qui occupe l'essentiel du niveau supérieur est vitrée sur ses trois côtés. Pourvue d'une terrasse implantée au sud et agrémentée d'une coursive à l'ouest, elle est immergée dans la végétation. Quant au rez-de-chaussée, plus sombre, il est affecté à la partie nuit : deux chambres séparées par un espace dressing et une salle de bains à double accès.

Le budget initialement prévu, et respecté à la lettre, supposait qu'un certain nombre d'aménagements intérieurs soient finalisés par le client, « un bon moyen pour contenir les dépenses », souligne Eric. C'est ainsi que Laurent a posé lui-même les parquets intérieurs ainsi que le caillebotis de la terrasse et de la coursive, une participation qui lui a permis de réaliser une économie de l'ordre des deux tiers sur le prix de revient de ses sols. Au-delà, cette implication personnelle a établi un rapport plus intime à l'habitation et un partenariat mutuellement apprécié qui fait dire aux intéressés qu'il s'agit d'une maison « élaborée ensemble ».

Implanté sur un terrain en contrebas de la route, la maison adopte un plan inversé : chambres en rez-de-jardin et séjour à l'étage.

Détail de la passerelle métallique accédant à la porte d'entrée.

Ci-contre : la maison s'insère entre les pins. Depuis la route, l'entrée s'effectue par une passerelle enjambant le terrain 3 m plus bas. Page suivante : vue extérieure sud-ouest.

De par sa situation en contrebas, l'habitation se fond dans son environnement.
Ci-contre : le séjour vitré sur ses trois côtés reçoit une cheminée en son centre. L'ensemble du parquet a été posé par le propriétaire. Economie réalisée : environ 65 % sur les sols.

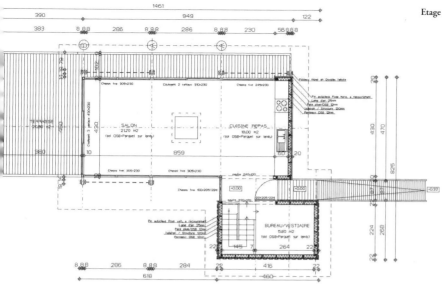

Etage

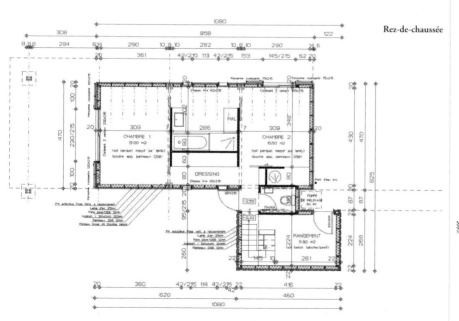

Rez-de-chaussée

D E S C R I P T I F

■ Concepteur : Eric Lanusse
■ Coût : 102 000 € TTC, (honoraires compris)
■ Surface : 110 m²
■ Prix/m² : 927 €
■ Chauffage : électrique
■ Matériaux utilisés : poteau poutre pin douglas, ossature bois, bardage sapin autoclavé
■ Durée des études : 4 mois
■ Durée du chantier : 9 mois
■ Localisation : Gironde
■ Livraison : 2004

■ Lot 01 : gros œuvre, VRD, assainissement
[Sarl Collado, Lacanau ville] 9352,07 € HT
■ Lot 02 : charpente bois, bardage, aménagement
[Accor Bois 24, Bergerac] 31 737,00 € HT
■ Lot 03 : platrerie
[Sarl Collado, Lacanau ville] 2 167 € HT 50
■ Lot 04 : menuiseries extérieure en aluminium
[Ets Claude Ges, Marmande] 12 500,00 € HT
■ Lot 05 : plomberie
[Lagofun, Lacanau ville] 4 797,76 € HT
■ Lot 06 : électricité, chauffage
[Sarl Jeanjean, Lacanau ville] 10 533,03 € HT
■ Fournitures (parquets, caillebotis, escalier)
11 500,00 € HT

■ Total HT : 82 586,86 €
■ TVA 19,6 % : 16 187,02 €
■ Total TTC : 98 773,88 €

■ Non compris dans les marchés : cuisine, peintures et aménagements extérieurs

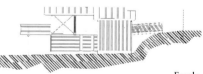

Façade

La maison des douves

Pour bâtir leur première maison, Pascale et Gérald disposent d'un terrain atypique acheté bon marché à la famille : 1 000 m² dans une parcelle en mesurant le double et au milieu de laquelle est implantée une maison en location. Il résulte de cette disposition des limites de propriétés singulières, en lignes brisées, un bout de terrain dont le dessin semble hésiter entre le boomerang et le haricot trop cuit. « Ça démarrait plutôt mal », sourit aujourd'hui Pascale en pestant contre les propositions des constructeurs auxquels elle commença par s'adresser. « A l'extrême rigueur, leurs plans tout faits pouvaient éventuellement convenir à un terrain carré ou rectangulaire, mais ici c'était vraiment ridicule, pitoyable. »

Un peu désarçonné, le couple entre en relation avec des amis d'amis, Matthieu Jallet et Léo Rival, deux jeunes architectes qui terminent alors leurs études. « Compte tenu de leurs revenus et des emprunts projetés, leurs conditions étaient claires, 100 000 € et pas un de plus, se souviennent-ils. Pour notre toute première maison, l'idée de répondre à la demande type d'une famille française, avec deux enfants, était un exercice plutôt excitant. » Ils se mettent donc au travail avec enthousiasme, balayant divers principes constructifs (solution maçonnerie ou mixte béton-bois) pour s'arrêter sur le bois, finalement le plus approprié au projet envisagé.

M. JALLET & L. RIVAL
JR_ATELIERS

A l'heure de la consultation des entreprises, quelques mauvaises surprises surviennent, leurs plans sont réinterprétés, on leur conseille de construire « plutôt en parpaings »... Puis ils rencontrent un artisan pertinent, un charpentier ouvert avec lequel ils identifient les matériaux les plus adaptés au budget et à son savoir-faire. C'est ainsi qu'ils choisiront notamment du pin, essence locale, pour l'ossature. Quant aux parements intérieurs, ils seront pour l'essentiel réalisés en écopin, des panneaux de bois de 2,50 m x 1,25 m permettant un assemblage rapide. De même, la toiture sera un bac acier, matériau plus léger que les couvertures traditionnelles et de mise en œuvre simplifiée.

Située aux abords d'un village, l'habitation comprend un étage afin de réduire son emprise sur ce terrain un peu hors norme, mais non dénué de charme. Il s'agit d'anciennes douves plantées d'un chêne et d'un saule pleureur, et pourvues d'un cours d'eau bordé de peupliers vers lequel la maison est orientée, au sud. Considérant que « le véritable luxe, c'est l'espace », les architectes ont travaillé à la suppression totale des zones résiduelles de la maison conventionnelle. « Hall d'entrée, couloirs, séparations ou portes inutiles, on a tout gommé. »

Le pignon est et la façade sud. Conçue par deux jeunes architectes, cette maison de 144 m² est la plus économique du livre : honoraires inclus, elle revient à 730 €/m² TTC.

46

Le bâtiment (12,40 m de long sur 6,40 m de large) est composé, au rez-de-chaussée, d'un grand espace décloisonné, hormis les toilettes et une buanderie. Un meuble pivotant aménagé en bibliothèque et placard côté salon, revêtu d'une peinture ardoise côté cuisine, permet de moduler l'espace principal. Selon les besoins, cette paroi mobile autorise trois configurations : salon-bureau et cuisine séparée, cuisine-salon et bureau séparé, cuisine-salon-bureau réunis. A l'étage, le plan organise trois travées. Une large travée centrale comprenant une salle de jeux distribuant la salle de bains et les toilettes. A l'ouest, l'espace des parents, à double accès par portes coulissantes depuis l'escalier ou le dressing. A l'est, les deux chambres des enfants. L'aire de jeux et les chambres bénéficient d'un plafond épousant les rampants de toiture.

Pour le même budget, Pascale et Gérald ont davantage de volume et plus d'espace que les 90 m² proposés par les constructeurs interrogés. De plus, le mode constructif utilisé permet d'envisager des extensions futures. Le couple n'a pas encore acheté le poêle à bois envisagé, mais il souligne les économies de consommation réalisées par le bâtiment, « 1 000 € TTC d'électricité pour l'année 2005/2006 ». Bravo donc aux jeunes architectes qui travaillent maintenant en parallèle dans une agence et planchent sur les concours de marchés du secteur public, « une autre économie, des enjeux très différents et surtout une plus grande liberté d'expression architecturale ». Ils continuent néanmoins à construire pour les particuliers dans des budgets raisonnables, « un bon moyen de garder les pieds sur terre ».

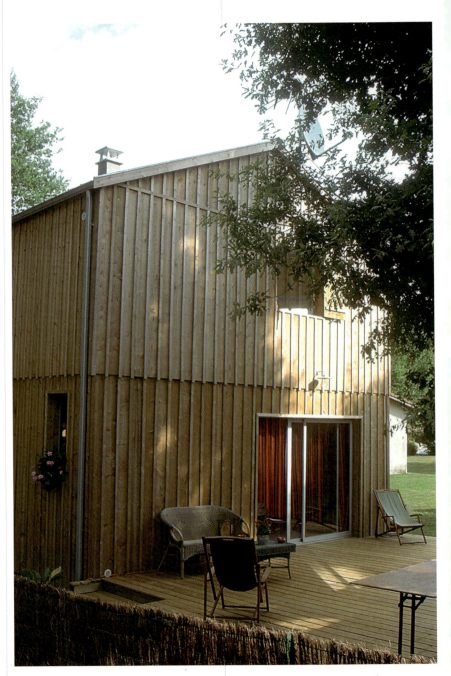

A l'ombre d'un chêne, la terrasse implantée à l'ouest.

Le bardage vertical en pin des Landes est repris
à l'identique sur les traditionnels volets battants
à écharpes.
En haut, à gauche : la porte ouverte du pignon
est dessert la buanderie.

Selon les pièces, le bardage est en placoplâtre (cuisine), pin des Landes (séjour) et écopin (chambre). Sur les deux photos du bas, on remarque la paroi-meuble pivotante séparant dans cette configuration le bureau de la cuisine et du séjour.

Rez de chaussée

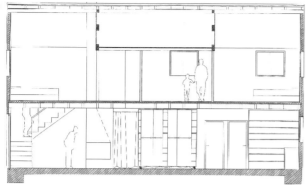

Etage

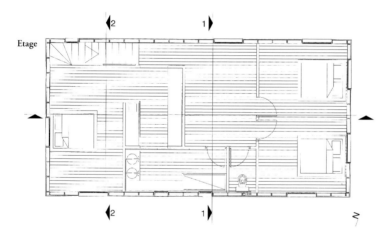

Coupes

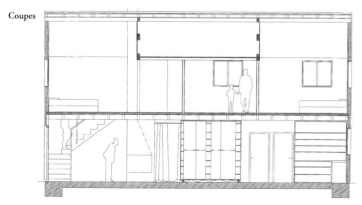

- Architectes : Matthieu Jallet et Léo Rival
- Coût : 95 560 € TTC (hors honoraires, 10 % du montant des travaux HT)
- Surface : 144 m²
- Prix/m² : 663 €
- Chauffage : électrique, poêle à bois
- Matériaux utilisés : fondations béton, pin des Landes en structure, bardage extérieur et plancher d'étage. Toiture bac acier. Menuiseries extérieures aluminium. Pin, écopin et placoplâtre en parements intérieurs
- Durée des études : 4 mois
- Durée du chantier : 5 mois
- Localisation : Gironde
- Livraison : 2005

- Lot 01 : gros œuvre, VRD, assainissement [Gilles Guyot-artisan] 13 605,50 € HT
- Lot 02 : ossature bois, murs bois, bardage intérieur et extérieur [Gilles Guyot-artisan] 17 413,40 € HT
- Lot 03 : charpente, couverture [Gilles Guyot-artisan] 12 932 € HT
- Lot 04 : planchers bois [Gilles Guyot-artisan] 7 356 € HT
- Lot 06 : isolation, cloisonnement [Gilles Guyot-artisan] 9 171,50 € HT
- Lot 07 : plomberie [Lataste] 2 810,30 € HT
- Lot 08 : menuiseries extérieures et intérieures [Siba] 9 329,70 € HT
- Lot 09 : électricité, chauffage [Omnium] 5 870,96 € HT
- Lot 10 : carrelage [Pedrosa] 1 409,50 € HT

- Total HT : 79 898,86 €
- TVA 19,6 % : 15 660,17 €
- Total TTC : 95 559,04 €

Non compris dans les marchés : équipements sanitaires spécifiques, équipements cuisine, aménagements extérieurs, volets bois, poêle à bois

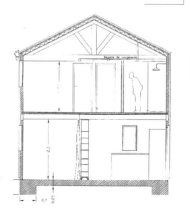

51

C Sur la crête

onstruire ?
Devenir propriétaire ! Je ne l'avais jamais imaginé, sourit Irène, 55 ans, ce sont les événements qui m'y ont poussé… Devant quitter un appartement en location, j'éprouvais de telles difficultés pour trouver un logement en Dordogne que l'idée a fini par faire son chemin. Puis j'ai eu le coup de foudre pour un terrain dans mes moyens… » C'est alors qu'elle rencontre Alain Belingheri et Claudine Pialat lors d'une soirée consacrée à l'habitat écologique. Les architectes, qui viennent tout juste de s'installer dans la région après dix ans d'activité à Berlin, écoutent les souhaits d'Irène : des matériaux sains pour une petite maison à petit prix, 70 000 € grand maximum.

Sur la crête d'un massif dominant la vallée de Plazac, la maison repose sur des fondations et pilotis de béton de manière à éviter tous travaux de terrassement sur ce terrain pentu et très caillouteux. Pour le reste, elle adopte le bois pour son ossature et son bardage extérieur, l'ensemble étant réalisé en pin douglas non traité. Cette essence résistant naturellement assez bien aux termites est destinée

ALAIN BELINGHERI
& CLAUDINE PIALAT

à prendre une jolie teinte grisée avec le temps. Inspirée des hangars à tabac de la région, l'habitation reprend son toit typique, une faible double pente qui contraste avec les hautes toitures des périgourdines des alentours. Quant à la pose ajourée du bardage, constitué de liteaux espacés de 2 cm se développant sur l'est de la terrasse pour composer une claustra, elle lui donne un aspect contemporain.

Le plan simplissime divise l'habitation en deux en créant une zone tampon occupée par l'entrée et le vestiaire. La face nord accueille la chambre, son coin bureau et la salle de bains, tandis que la partie sud reçoit une cuisine ouverte sur le séjour prolongé par la terrasse. A l'ouest, trois fenêtres en bandeau (des impostes standard pour minimiser les coûts) permettent de profiter de la lumière du crépuscule. Le vide sous la maison est, en partie, utilisé comme garde-manger, dont l'accès s'effectue par une

La terrasse sud et la façade ouest. La porte d'entrée est située entre les trois impostes vitrées permettant de capter les rayons du soleil couchant et la porte-fenêtre de la chambre à coucher.

trappe située dans la cuisine. La surface restante fait office de stockage du bois alimentant le poêle situé dans le séjour. Il s'agit de l'unique chauffage du lieu, à l'exception d'un radiateur électrique dans la salle de bains. Sur-isolée par 25 cm de ouate de cellulose en toiture et au plancher, et 17 cm pris en sandwich dans le bardage, la maison consomme un minimum d'énergie. « Elle n'est ni froide ni humide, y compris lorsque je m'absente plusieurs jours en hiver », s'enchante Irène qui, en observant sa vue splendide sur toute la vallée, se dit chaque jour ravie du spectacle, et encore très étonnée d'être propriétaire.

La construction à ses différentes phases. Le prix de revient relativement élevé au mètre carré construit s'explique notamment par le choix de matériaux « écologiques » plus onéreux : une isolation en ouate de cellulose et des panneaux de Fermacell (composite de gypse et fibres de cellulose) remplaçant le placo traditionnel en parement intérieur. Enfin, l'habitation est pourvue d'un système de récupération des eaux de pluie alimentant la machine à laver, les toilettes et l'arrosage du jardin.

Façade sud

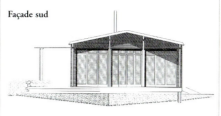

Façade nord

Façade est

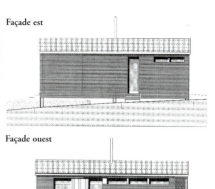

Façade ouest

■ Architecte : A. Belingheri-C. Pialat Architectes
■ Coût : 71 000 € TTC (hors honoraires, 12 % du montant des travaux HT)
■ Surface : 64 m²
■ Prix/m² : 1 109 €
■ Chauffage : poêle à bois
■ Matériaux utilisés : ossature primaire et secondaire en chêne et pin douglas
■ Durée des études : 4 mois
■ Durée du chantier : 9 mois
■ Localisation : Dordogne
■ Livraison : 2004

■ Lot 01 : gros œuvre, VRD, assainissement
[E. Barrot, Milhac d'Auberoche] 11 151,67 € HT
■ Lot 02 : charpente bois, bardage, aménagement
[Philippe Friry, Rouffignac] 957,21 € HT
■ Lot 03 : couverture
[Francis de Carlos, Plazac] 5 041,14 € HT
■ Lot 04 : isolation
[Robert Guyot, Epernoy] 6 281,63 € HT
■ Lot 05 : menuiserie extérieures
[Alain Rouland, Pérignac] 11 010,65 € HT
■ Lot 06 : plomberie
[Nicolas Martinez, Thenon] 2 183,90 € HT
■ Lot 07 : électricité
[Pascal Lepage, Bars] 39 718,90 € HT

■ Total HT : 59 718,90 €
■ TVA 19,6 % : 11 704,90 €
■ Total TTC : 71 423,80 €

■ Non compris dans les marchés : cuisine, peintures et aménagements extérieurs.

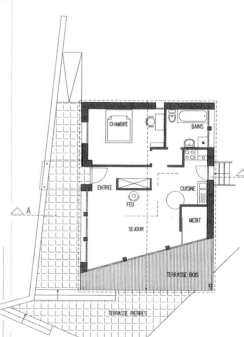

Plan 1/100

D

Dans la verdure

EMMANUEL ALASSŒUR

ans l'Indre, sur un terrain pentu en bordure de bourg, la maison se présente comme deux volumes de hauteurs variables imbriqués l'un dans l'autre. Le plus petit est positionné vers l'ouest et le plus important, orienté sud, se prolonge par une terrasse sur ses deux niveaux. Percés de baies cadrant généreusement le paysage alentour, tous deux précipitent les occupants dans l'environnement proche et plus lointain. Le bâtiment organise en effet des vues variées sur le site, un lieu où l'eau et la végétation abondent.

Lorsqu'ils rencontrent l'architecte Emmanuel Alassœur, Isabelle et Richard n'ont pas d'idées préconçues sur leur future maison. Ils savent en revanche ce qu'ils ne veulent pas : les plans standard des deux constructeurs rencontrés et les pavillons banals qui leur furent présentés. Désireux de quitter à Châteauroux une location sans âme pour construire sur un terrain familial des environs, ils sont séduits par les maisons en bois, souhaiteraient quand même un peu de surface, pas trop de cloisons et surtout pouvoir profiter au maximum de la diversité des paysages du site : champs, étangs, haies boisées… Ils disposent de moins de 100 000 €.

L'architecte, familier des petits budgets dans cette région classée parmi les départements les plus pauvres, s'est dégagé de lourds travaux de terrassement en optant pour une construction sur pilotis. Associé à une implantation du bâtiment en limite haute de propriété, ce choix a permis également de conquérir les vues souhaitées par le couple. Si ce n'est sa structure en poutres d'acier pour minimiser leur section, l'habitation adopte une ossature bois réalisée en atelier afin de réduire la durée du chantier. Tout bois également, le bardage est mixte, composé de sapin douglas laissé naturel et de panneaux de contreplaqué d'okoumé, un parti pris esthétique pour jouer avec la volumétrie du bâtiment et créer des contrastes d'une façade à l'autre.

Deux terrasses complètent la partie sud de l'habitation ouverte sur l'extérieur.

Les deux volumes de l'habitation composent un plan en L. Depuis l'entrée implantée à l'ouest, un dégagement dessert, à gauche, une buanderie, la salle de bains et un bureau-chambre d'amis. A droite, on rejoint la cuisine ouverte sur la terrasse sud, tout comme le séjour qui la prolonge, celui-ci bénéficiant d'une double exposition par une baie vitrée à l'ouest sur toute sa largeur. A l'étage : la chambre principale ouverte sur le vide de séjour et sa grande terrasse sud qui surplombe le paysage. Hormis la salle de bains et la buanderie, les pièces sont laissées toute hauteur et aucune porte ne vient entraver la circulation.

Le plafond qui épouse les rampants révèle la totalité des volumes. Au sol, un plancher de pin court dans toute l'habitation. Quant à l'habillage des murs, il est assuré par les panneaux de triply. Laisser apparents ces constituants de l'ossature bois est aussi une façon de supprimer les coûts de finition. La maison n'est pas gigantesque, mais ses pièces déplafonnées, ses ouvertures, ses terrasses et le recours aux pilotis la décollant du sol procurent partout une sensation d'espace et de contact direct avec l'environnement. « C'est un grand parapluie au milieu de la nature », résume l'architecte. « Un bateau flottant sur la verdure », ajoutent Isabelle et Richard.

Ci-dessous : la porte d'entrée est implantée à l'ouest, à l'intersection des deux volumes de l'habitation. Ci-contre : la façade ouest. Outre l'ossature, le revêtement des façades, en bois également, est décliné sous deux aspects : un bardage vertical en douglas non lazuré et des panneaux de contreplaqué en okoumé. Le séjour bénéficie d'une double exposition, ouest et sud, côté terrasse.

La baie ouest du séjour.

La façade nord est opaque, à l'exception d'une fenêtre horizontale cadrant le chemin d'accès à la propriété

Ci-contre : la terrasse du rez-de-chaussée prolonge la cuisine ouverte sur le séjour. Celle de l'étage agrémente la chambre à coucher.

La porte d'entrée et le couloir de circulation desservant la salle de bains et le bureau.

le salon vu de la chambre de l'étage.

Façade ouest

Etage

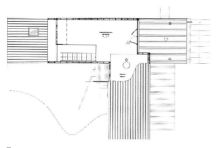

Rez de chaussée

- Architecte : Emmanuel Alassœur
- Coût : 89 700 € TTC (hors honoraires, 11,3 % du montant des travaux HT)
- Surface : 103 m² + surface terrasse, 56 m²
- Prix/m² : 870 €
- Chauffage : poêle à bois
- Matériaux utilisés : structure métal, ossature bois et bardage mixte, sapin Douglas et contreplaqué d'Okoumé, plancher pin
- Durée des études : 5 mois
- Durée du chantier : 5 mois
- Localisation : Indre
- Livraison : juillet 2006

- Lot 01 : gros œuvre
[Duris, Châteauroux] 6 350 € HT
- Lot 02 : charpente ossature bardage
[Danetz, Vatan] 34 200 € HT
- Lot 03 : couverture bac acier

[Danetz, Vatan] 5 200 € HT
- Lot 04 : serrurerie
[Ridira, Chaillac] 6 200 € HT
- Lot 05 : menuiseries bois
[BHM, Le Blanc]
9 250 € HT
- Lot 06 : plâtrerie isolation
[BHM, Le Blanc] 5 700 € HT
- Lot 07 : électricité VMC
[Back, Luant] 4 300 € HT
- Lot 08 : plomberie, chauffage
[Bourrier, Châteauroux] 3 850 € HT

- Total HT : 75 050 €
- TVA 19,6 % : 14 709,80 €
- Total TTC : 89 759,80 €

- Non compris dans les marchés : réseaux extérieurs, plancher pin, poêle à bois, peinture et terrasses extérieures

Logique industrielle

CYRIL NEVEU
& GRÉGORY DUBOIS

Dans le lotissement, les maisons au toit d'ardoises à doubles pans forment un club aussi fermé que l'annuaire du téléphone, si ce n'est un bâtiment qui s'est invité sur une parcelle trapézoïdale, à la croisée de deux rues bordées de haies buissonnières. Toiture plate, bardage en partie métallique, longues ouvertures vitrées, etc. On n'en finirait pas d'énumérer les transgressions aux conventions du quartier commises sans crier gare. Bienvenue chez Nathalie et David, heureux propriétaires des lieux, simplement désireux d'habiter une maison qui leur ressemble, et pas un pavillon type farci aux nains de jardin.

Ayant vécu quelques années dans une longère en location, le couple, la trentaine, un enfant, souhaitait pour sa première acquisition une ambiance radicalement différente : de la lumière en abondance, un espace fluide et une distribution rationnelle, une ambiance adaptée à leur façon de vivre et à des goûts les portant davantage vers un aménagement contemporain, des surfaces nettes et un mobilier fonctionnel, plutôt que la bonnetière convertie en bibliothèque, ou le lit clos breton en guise de vaisselier.

L'aspect brut du béton banché les séduirait beaucoup, indiquent-ils à leurs architectes, Cyril Neveu et Grégory Dubois, qui les informent aussitôt que c'est hélas impossible, le procédé supposant des coûts de main-d'œuvre incompatibles avec leur budget, environ 100 000 €. Cette piste écartée, le projet opte pour une structure bois avec, pour enveloppe, des matériaux industriels mis en œuvre en panneaux de taille standard afin de réduire tout façonnage et faciliter leur assemblage sur le chantier. Leur format déterminera la dimension du bâtiment. Après réflexion, le choix se porte sur un bardage mixte-tôle nervuré laqué gris nuage (coloris du nuancier de base) principalement en pignons et façade nord et contreplaqué marine au sud-est pour rééquilibrer l'usage du métal.

L'habitation se développe de plain-pied par choix des commanditaires qui ne souhaitaient pas d'étage sous comble, figure imposée par le plan local d'urbanisme. Elle se présente donc comme un long parallélépipède (25 m) percé d'un porche, abri pour la voiture, espace intermédiaire distribuant la porte d'entrée à l'est et l'abri de jardin à l'ouest, du côté du carrefour afin de se préserver des bruits de circulation. A l'est, le bâtiment s'étire sur le terrain par « deux tiroirs ouverts », résument les architectes : l'un au sud, côté jardin, recevant deux chambres et l'autre, au nord, composé de la salle de bains, de la chambre des parents et de sa salle d'eau intégrée. A ces deux volumes concentrant l'espace nuit et les rangements, répond la pièce principale, vaste séjour-cuisine ouvert au sud sur toute sa longueur (11 m) par des châssis coulissants sur la terrasse.

Vue sud-est de l'habitation bardée au sud de contreplaqué marine, et d'une tôle nervurée laquée gris perle au nord et sur les pignons.

64

Quasi transparente car bénéficiant aussi d'une fenêtre horizontale au nord, cette pièce de vie décloisonnée de 50 m² – pratiquement la moitié de la surface habitable – répond au désir prioritaire d'espace et de lumière.

L'aménagement intérieur soigné dans le séjour – murs blancs, faux plafond avec spots basse tension encastrés, parquet stratifié sombre équipé de diodes luminescentes matérialisant l'espace de circulation – rompt avec l'esthétique industrielle du bâtiment. Peint en rouge, le mur marquant l'espace cuisine réchauffe l'ambiance. Quant à la partition de la zone repas en trois plans répétitifs – évier, îlot de préparation avec plaque chauffante, table de salle à manger –, elle souligne la qualité de cette pièce tout en longueur qui accroît visuellement la sensation d'espace.

Ci-dessus : plein sud, de nuit. La maison de plain-pied adopte un plan regroupant au sud, sur le jardin, le séjour et deux chambres aux fenêtres verticales.

Ci-contre : dans le séjour, des diodes encastrées dans le parquet stratifié matérialisent l'espace de circulation.

A droite : à l'ouest, le porche faisant abri de voiture est prolongé par un abri de jardin, un dispositif qui étire la maison en longueur pour se protéger des nuisances du carrefour.

© Michel Ogier

© Michel Ogier

Ci-contre : le séjour : 50 m², vitrés sur 11 m de long.

Ci-dessous : au nord, la chambre parentale et sa salle d'eau attenante reçoivent une fenêtre horizontale en hauteur lui conférant l'intimité souhaitée.
En bas : la salle de bains, mitoyenne de la chambre des parents.

Ci-contre : chambre d'enfant implantée au sud.

Plan de masse

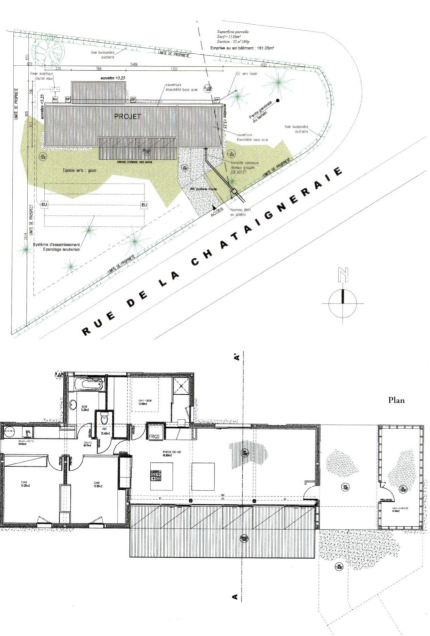

Plan

RUE DE LA CHATAIGNERAIE

DESCRIPTIF

- Architectes : Cyril Neveu, Grégory Dubois
- Coût : 101 000 € TTC (hors honoraires, 12,5 % du montant des travaux HT)
- Surface : 118 m²
- Prix/m² : 855 €
- Chauffage : électrique par plafond rayonnant
- Matériaux utilisés : structure bois, bardage tôle nervurée laqué et contreplaqué marine, menuiserie aluminium
- Durée des études : 2 ans
- Durée du chantier : 6 mois
- Localisation : Morbihan
- Livraison : 2004

- Lot 01 : gros œuvre
[Gilbert Frères] 16 376,93 € HT
- Lot 02 : charpente bois
[Ets Pigeon] 27 932,36 € HT
- Lot 03 : couverture acier, plaques acier nervurées
[Ets Pigeon] 5 375,20 € HT
- Lot 04 : menuiserie aluminium
[Ets Paris] 11 079 € HT
- Lot 05 : isolation, menuiseries bois intérieures
[Ets Vidal] 9 744,23 € HT
- Lot 06 : électricité, chauffage
[Ets Pichon] 10 034,26 € HT
- Lot 07 : plomberie, VMC
[Ets Pichon] 4 520,23 € HT

- Total HT : 85 062,40 €
- TVA 19,6 % : 16 672,63 €
- Total TTC : 101 734,63 €

- Non compris dans les marchés : terrasse extérieure, lasure panneaux contreplaqué marine, peintures intérieures, parquet flottant, aménagement cuisine

© Michel Ogier

69

La maison radicale

MICKAËL TANGUY

Dans une zone pavillonnaire des environs de Rennes, une quinzaine de maisons offrent au regard du passant toute une gamme d'entrées avec imposes cintrées et portes moulurées qui pourraient être baptisées Fontainebleau, Chambord ou Vendôme dans le catalogue de leur fabricant. Au beau milieu de ces bâtisses cossues avec ostentation, il est une maison qui se distingue franchement par sa simplicité et dont l'entrée, d'ailleurs invisible depuis la rue, évite de jouer les précieuses ampoulées. Bienvenue chez un jeune couple qui s'est porté acquéreur de la dernière parcelle de ce lotissement, la meilleur marché, toutes proportions gardées, tant le prix du terrain s'est envolé aux abords de la métropole bretonne.

Lorsqu'ils arrivent dans le bureau de l'architecte Mickaël Tanguy, Alexandre et Agnès ont une idée assez précise de leur future maison : ils souhaitent du bois et du métal, de la lumière, une vaste pièce à vivre, peu de cloisons, mais aussi cinq chambres… Le tout pour 110 000 € tout ronds. L'architecte accepte, en leur signalant néanmoins qu'il sera impératif de faire des choix. Pour respecter le budget, il apparaît immédiatement qu'il faudra renoncer au nombre de chambres envisagées. « Cinq, c'était irréaliste, en revanche on pouvait s'en sortir avec trois chambres : je leur ai donc proposé un projet prévoyant une extension. Celle-ci, à bâtir plus tard, pourrait accueillir les pièces supplémentaires demandées et répondre ainsi exactement à leur programme. »

Ce compromis accepté, l'étude débute en optant pour une structure métallique. Trois portiques d'acier définiront le squelette du bâtiment. Quant à l'enveloppe de l'habitation, elle sera assurée par une ossature secondaire en bois. « Ces deux trames étant réalisées en atelier, leur assemblage en moins d'une semaine sur le site permettait un précieux gain de temps et donc d'argent. » Constituée de deux volumes, un cube sur deux niveaux et un parallélépipède rectangle de plain-pied accolés, la maison déploie son espace cuisine à angle droit de la façade pour la protéger du vis-à-vis assez présent dans ce lotissement. Au sud, côté rue, ce dispositif est prolongé par un pare-vue en lames de mélèze qui définit la terrasse implantée face au séjour laissé tout en hauteur et percé d'une immense baie vitrée (6 m de haut par 3,60 m de large). En procédant de la sorte, cette maison est la seule du lotissement à offrir une terrasse sud pour bronzer à l'abri des regards. C'est également la plus lumineuse.

La maison, livrée en 2003, comprend un rez-de-chaussée non cloisonné à l'exception de la chambre parentale et de la salle de douche attenante logées derrière l'escalier métallique, au nord, côté jardin. A l'étage : deux chambres

La façade sud, côté rue, se présente comme deux volumes : un cube sur deux niveaux bardé de plaques de fibre-ciment et percé d'une baie de 6 m de haut ; un parallélépipède de plain-pied paré de mélèze et prolongé par un pare-vue. Au premier plan : l'abri de garage.

pour les enfants et une salle de bains. En 2006, l'extension prévue de deux chambres supplémentaires est effectuée en ossature bois en un mois. Elle prend place au-dessus de la cuisine, surélevant le parallélépipède d'un niveau. La rapidité de sa mise en œuvre tient notamment au choix du bardage d'origine, des plaques de fibre-ciment aisément démontables pour être repositionnées une fois l'extension greffée. Associé au mélèze grisé par le temps, ce parement sombre tranche dans l'environnement des pavillons aux crépis beiges. Une impression renforcée par la faible pente du toit, une astuce de l'architecte pour masquer la toiture ardoise bipente imposée par le règlement. Pour autant, cette maison sans concession est bel et bien la plus discrète du lot.

Ci-dessous : le principe constructif utilisé mêle une ossature bois à trois portiques métalliques. Ci-contre : le pignon ouest. En bas à droite : le pare-vue compose une terrasse abritée côté rue.

Le métal des portiques, le triply de l'ossature bois et le béton ciré du sol constituent l'essentiel des éléments de la pièce de vie décloisonnée.

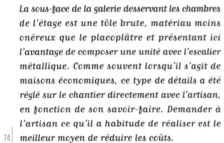

La sous-face de la galerie desservant les chambres de l'étage est une tôle brute, matériau moins onéreux que le placoplâtre et présentant ici l'avantage de composer une unité avec l'escalier métallique. Comme souvent lorsqu'il s'agit de maisons économiques, ce type de détails a été réglé sur le chantier directement avec l'artisan, en fonction de son savoir-faire. Demander à l'artisan ce qu'il a habitude de réaliser est le meilleur moyen de réduire les coûts.

Façade ouest

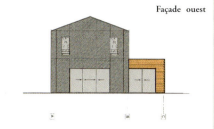

Façade est

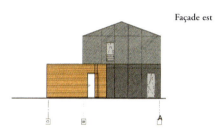

Façade nord

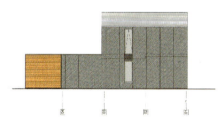

Façade sud

La maison avec son extension recevant deux
chambres supplémentaires. Le volume cubique
d'origine est devenu un parallélépipède.

- Architecte : Mickaël Tanguy
- Coût : 107 198 € TTC (hors honoraires, 12,5 % du montant des travaux HT)
- Surface : 138 m²
- Prix/m² : 826 €
- Chauffage : électrique
- Matériaux utilisés : structure mixte, métal et bois, fibres-ciment et bois en bardages
- Durée des études : 6 mois
- Durée du chantier : 4 mois et demi
- Localisation : Ille-et-Vilaine
- Livraison : 2003

- Lot 01 : gros œuvre [Legal] 16 762,27 € HT
- Lots 02/03 : charpente bois-métal [JPG] 38 744,84 € HT
- Lot 04 : couverture ardoises [Le Costevec] 3 379,00 € HT
- Lot 05 : étanchéité [Guesdon] 3 762,37 € HT
- Lot 06 : menuiseries aluminium/bois [Poupin] 11 567,72 € HT
- Lot 07 : menuiserie intérieure [Vidal] 1 212,30 € HT
- Lot 08 : électricité VMC [Electricité rennaise] 9 626,28 € HT
- Lot 09 : plomberie [Leresteux] 4 576,22 € HT

- Total HT : 89 631 €
- TVA 19,6 % : 17 567,67 €
- Total TTC : 107 198,67 €

- Non compris dans les marchés : garage, espaces verts, appareillage d'éclairage

EXTENSION

- Coût : 21 500 € TTC
- Surface : 40 m²
- Prix/m² : 537 €
- Durée du chantier : 1 mois

- Lot 01 : charpente bois 9 632 € HT
- Lot 02 : couverture 2 511,50 € HT
- Lot 03 : menuiserie extérieure 1 331 € HT
- Lot 04 : plâtrerie sèche, isolation, menuiseries intérieures 3 572 € HT
- Lot 06 : électricité 1 007 € HT

- Total HT : 18 053,50 €
- TVA 19,6 % : 3 538,49 €
- Total TTC : 21 591,98 € construction et honoraires

- Honoraires sans rendez-vous de chantier, forfait 10 % : 1 805,35 €

La maison dans la clairière

L'ATELIER PROVISOIRE

U n grand séjour et une toute petite cuisine, trois chambres identiques avec leurs salles d'eau… Il faudrait aussi prévoir des rangements, un grenier, un étage peut-être… En tout cas, un espace dortoir sommairement équipé, de quoi recevoir des amis. » C'est à peu près en ces termes que Corinne, disposant d'un budget d'environ 110 000 €, formule sa demande à l'Atelier Provisoire, un groupe de cinq architectes bordelais à qui elle s'adresse en connaissance de cause ; elle a vu des images d'un de leurs projets, une maison dont elle a apprécié le bardage métallique.

Corinne souhaitant une grande surface pour un budget limité, les pistes envisagées par les architectes se tournent alors assez naturellement vers des procédés éprouvés, un principe de portiques métalliques répétitifs, structure courante du hangar. C'est d'ailleurs ce terme que les architectes vont utiliser pour interroger les entreprises. « Avec l'expérience, on a pu constater en effet qu'il était plus pertinent de procéder ainsi, demander clairement un hangar et pas davantage, plutôt qu'une "maison" qui, elle, laisse immédiatement supposer des finitions plus sophistiquées et se traduit inévitablement par des devis plus élevés. »

Ce principe, accepté par la commanditaire, va définir l'aspect de la maison, un long bâtiment structuré par six portiques, recevant en bardage et toiture une tôle nervurée laquée.

De couleur brune, car elle s'intègre plutôt bien dans le site des Landes, mais parce qu'il s'agit aussi d'un des trois coloris standard et que tout autre teinte occasionnerait un surcoût. Pour les mêmes raisons, ce sont également les conditions du marché qui vont présider au choix des châssis aluminium coulissants, des panneaux de 2,30 m, hauteur au-delà de laquelle les menuiseries aluminium courantes nécessitent d'être renforcées.

Cette maison, dont la longueur est guidée par l'économie d'échelle qu'apportent la standardisation et la répétition, présente aussi une qualité formelle qui sera judicieusement exploitée sur le terrain : 4 800 m² composés pour moitié d'une clairière de bruyères et d'acacias puis d'une partie boisée bordant un ruisseau. La longueur du bâtiment est telle qu'il suffirait en effet de l'étirer encore un peu pour matérialiser une limite entre le terrain et le chemin forestier lui servant d'accès. Ce que les architectes vont mettre en œuvre en créant un seuil abrité clos d'un large portail coulissant (6 m), à la fois porte de la maison et porte de la clairière ainsi dissimulée derrière l'habitation.

Vue nord-est. L'ouverture verticale éclaire le couloir de distribution des trois chambres et des deux salles d'eau. Matériau supposé pauvre, la tôle nervurée laquée, ici brune, vibre et prend des tonalités très variées selon l'ensoleillement.

© Jean-Christophe Garcia

Sur le modèle du principe constructif, le plan utilise la répétitivité en alignant trois chambres identiques côte à côte et leurs deux salles d'eau. Il s'inspire aussi de la juxtaposition des fonctions caractéristiques des longères qui, selon les besoins, recevaient au fil du temps des pièces supplémentaires prolongeant le bâtiment d'autant. C'est ainsi que la maison procède en répondant d'est en ouest aux besoins formulés, privés et sociaux, de l'essentiel vers le temporaire : l'espace nuit et ses chambres, le grand séjour et sa petite cuisine et enfin le dortoir séparé de la partie principale de l'habitation par le seuil abrité de 35 m².

Exemplaire par la qualité de la réflexion architecturale, cette grande maison dans la clairière est aussi un modèle en termes de maîtrise des coûts de construction. Ce qui a permis à Corinne d'installer un chauffage géothermique, investissement coûteux dont le montant s'élève à plus de 10 % du prix de revient du bâtiment, mais qui lui permettra à l'usage de diviser sa facture d'électricité par quatre.

Façade sud. Le seuil abrité crée une zone intermédiaire entre les pièces principales de l'habitation et le « dortoir » implanté à l'ouest, volume généreux, autonome — pourvu de toilettes et d'une salle d'eau — destiné à recevoir les amis. Cette partie sommairement aménagée sera installée ultérieurement. Le phasage des travaux dans le temps est aussi une façon d'adapter le projet à un budget limité.

Uue de la clairière se déployant au sud depuis le seuil abrité. Son caillebotis composant aussi la terrasse provient de la récupération d'une plage d'une ancienne piscine bradée au poids, 300 € les deux tonnes. Patiné par le temps, il engendre une ambiguïté sur l'âge de la maison.

La cuisine est dissimulée derrière une cloison paravent. A droite, la porte menant au couloir de distribution des chambres et de la salle de bain.

Plan de distribution

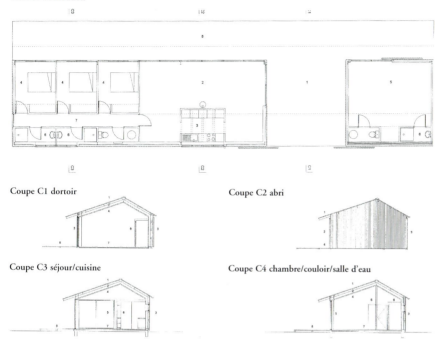

Coupe C1 dortoir

Coupe C2 abri

Coupe C3 séjour/cuisine

Coupe C4 chambre/couloir/salle d'eau

La façade nord, depuis le chemin forestier d'accès à la propriété. L'ouverture des portes du seuil abrité correspond à l'ouverture de la maison et de sa clairière. Dans l'usage, lorsque la maison est habitée, les portes restent toujours ouvertes.

DESCRIPTIF

■ Architecte : L'Atelier Provisoire
■ Coût : 107 000 € TTC
(hors honoraires, 11,4 % du montant des travaux HT)
■ Surface : 134 m² + 35,6 m² (seuil abrité)
■ Prix/m² habitable : 798 €
■ Chauffage : géothermie
■ Matériaux utilisés : métal en structure et bardage, sol béton, placoplâtre en parois intérieures, menuiseries extérieures aluminium
■ Durée des études : 7 mois
■ Durée du chantier : 6 mois
■ Localisation : Gironde
■ Livraison : 2004

■ Lot 01 : gros œuvre, VRD
[Entreprise Dupiol] 26 177,82 € TTC
■ Lot 02 : chape béton
[Entreprise DBH] 8 504,76 € TTC
■ Lot 03 : charpente métal, bardage
[Entreprise Lagardère] 45 481,49 € TTC
■ Lot 04 : plâterie, menuiserie bois
[Entreprise Bâti Concept] 15 108,53 € TTC
■ Lot 05 : électricité, plomberie
[Entreprise DEP'HC] 7 696,26 € TTC (électricité)
+ 4 154,90 € TTC (plomberie)

■ Total HT : 99 427,50 €
■ TVA : 19 487,50 €
■ Total TTC : 107 396,76 €

■ Non compris dans les marchés : géothermie
(13 646 € TTC), peintures intérieures.

Vue sud-ouest. Le volume du rez-de chaussée
accueillant les trois chambres est surmonté
d'une terrasse orientée sud prolongeant le séjour
implanté à l'étage.

D

Maison de vacances

J E A N - P H I L I P P E   L A N O I R E
&   S O P H I E   C O U R R I A N

ans un lotissement d'une station balnéaire des Landes, une parcelle triangulaire postée à l'angle d'un croisement… C'est ici qu'Eric souhaite construire une maison de vacances qu'il entend principalement destiner à la location. Agent immobilier sensibilisé à l'architecture, il fait appel à Sophie Courrian et Jean-Philippe Lanoire, architectes associés dans une agence bordelaise. En regard des caractéristiques du terrain, une surface relativement modeste, 450 m², pincée entre deux voies de circulation, l'objectif consistera d'abord à optimiser la parcelle. Comment ? Surtout pas en implantant l'habitation en son centre, moyen le plus sûr de pâtir de la proximité du carrefour.

Soucieux de soustraire la maison à cet environnement proche, les architectes adoptent donc une stratégie de l'esquive. Le bâtiment, constitué de deux parallélépipèdes se superposant à angle droit, sera positionné à l'est, en bordure de propriété, ses deux volumes tournant le dos à la rue. Le procédé dégage deux bénéfices. Il permet d'affecter le cœur de la parcelle au jardin à l'ouest désormais abrité des regards et des nuisances sonores. Et il autorise ainsi à ouvrir largement la maison sur cet espace protégé.

Le volume du rez-de-chaussée longeant la rue accueille les trois chambres. Disposant chacune d'une baie vitrée sur le jardin, elles sont préservées, à l'est, des bruits de circulation par leur couloir de distribution. Quant à l'étage, il reçoit la cuisine et le séjour généreusement ouvert : sur l'ouest par une baie cadrant la frondaison des pins et vers le sud où se déploie la terrasse installée sur le volume des chambres.

La surface habitable de la maison correspond à un T4. Elle n'est donc pas gigantesque. Pour autant l'impression d'espace est partout présente. Son implantation et le parti pris du plan inversé associé à la terrasse y contribuent largement. En comparaison d'une maison type qui n'offre pas cette souplesse d'adaptabilité au terrain et au climat, ces choix lui apportent une plus-value incontestable, le privilège – non négligeable pour une maison de vacances – de pouvoir disposer de deux espaces extérieurs :

82

© Positif

une belle terrasse sur laquelle on peut dîner en surplombant la végétation et les habitations, le regard glissant vers l'horizon, et le jardin du rez-de-chaussée, abrité et plus intime.

Privilégiant les solutions les plus simples pour les artisans installés aux environs, la maison, construite en maçonnerie, évite l'ostentation. Ton sur ton avec les troncs de la pinède, le vernis noir couvrant le bardage de bois s'efforce de fondre l'habitation dans son environnement. Une démarche qui paradoxalement fut plutôt mal perçue par une partie du voisinage.

C'est ainsi que durant le chantier, une association est créée pour déplorer cette « maison noire ». Le quotidien *Sud-Ouest* se fait l'écho de la controverse : « Les voisins craignent même que son esthétique pour le moins douteuse porte préjudice à la valeur des propriétés environnantes. » Et Eric d'être pris à partie pour ce choix esthétique dès qu'il s'aventure dans le village ! Mais il fait face en soutenant ses architectes, une ténacité bientôt récompensée par le hasard.

Les travaux achevés, Bernard Laporte, l'entraîneur du XV de France, s'installe quelques mois dans cette maison, un événement et une gloire pour les voisins, passionnés de ballon ovale comme tous les habitants de la région. Questionnée sur la maison, l'idole déclare simplement qu'elle est très agréable et qu'il s'y sent fort bien. Effet immédiat : la pétition est enterrée illico. Soudain, la « maison noire » est tolérée et, finalement, on lui découvre aussi quelques qualités. Plus tard, en 2003, le jury du Palmarès de l'habitat individuel en Aquitaine lui décernera d'ailleurs le prix de la catégorie « Maison de vacances ». « Dans mon portefeuille de villas à louer, c'est toujours l'une des plus demandées », souligne Eric aujourd'hui.

84

Vue ouest. Le débord du volume de l'étage crée un seuil d'entrée couvert.

Ci-dessus : au nord-est, côté rue, la maison est pratiquement opaque.
A gauche : l'entrée de l'habitation s'effectue au sud-est.

A droite : dans le séjour à l'étage, une large baie vitrée cadre à l'ouest la frondaison des pins. Une autre donne accès à la terrasse. L'espace cuisine ouvert est en partie dissimulé derrière une cloison paravent, tronquée à quelques dizaines de centimètres du plafond afin d'aérer le volume et de laisser circuler la lumière.

© Positif

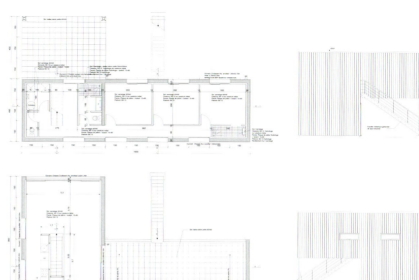

© Positif

© Positif

© Positif

DESCRIPTIF

- Architecte : Lanoire & Courrian
- Coût : 117 480 € TTC (hors honoraires 8 % du montant des travaux HT)
- Surface : 110 m²
- Prix/m² : 1 068 €
- Chauffage : électrique
- Matériaux utilisés : maçonnerie, bardage bois black vernish
- Durée des études : 9 mois
- Durée du chantier : 9 mois
- Localisation : Landes
- Livraison : 2001

- Lot 01 : gros œuvre, VRD [Scotto, Ychoux] 29 524 € HT
- Lot 02 : étanchéité [Lataste, La Teste-du-Buch] 8 497 € HT

- Lot 03 : bardage, menuiserie bois [Galvan, Castillon-la-Bataille] 15 296 € HT
- Lot 04 : menuiserie aluminium [Aquitaine de Menuiserie, Lormont] 9 222 € HT
- Lot 05 : serrurerie [Martigny, Biscarosse] 7 225 € HT
- Lot 06 : plâtrerie [Darribey, Parentis-en-Born] 7 063 € HT
- Lot 07 : carrelage [Fagot, La Teste-du-Buch] 4 992 € HT
- Lot 08 : peinture [Tiffon fils, Biscarosse] 4 749 € HT
- Lot 09 : électricité [Cera, Biscarosse] 4 996 € HT
- Lot 10 : sanitaire [Calavia, Pila-sur-Mer] 4 482 € HT
- Lot 11 : charpente métal [B2C, Mérignac] 2 183 € HT

- Total HT : 98 229 €
- TVA 19,6 % : 19 252 €
- Total TTC : 117 481,88 €

Plein sud

Lorsqu'il est interrogé par un jeune couple avec enfant, Eric Lanusse, concepteur spécialisé dans l'habitat en bois, se dit qu'il a sans doute une carte à jouer. Depuis son installation en 2001, c'est la première fois qu'il est mis en concurrence avec un pavillonneur construisant en parpaings, aussi saisit-il cette occasion pour élaborer un projet plutôt radical. « Cela passait, ou ça cassait », résume-t-il en soulignant, autre première, qu'il avait affaire à des clients divisés sur l'usage du bois. Le mari, à l'origine de la consultation, semblait séduit par cette option, tandis que son épouse formulait au contraire un désintérêt total pour le procédé, voire une réticence. Dans ce contexte, il devait donc allier pédagogie et diplomatie.

En périphérie d'un village perché sur une route de crête, le terrain se déploie sur 8 000 m² dans une zone d'habitat pour l'instant diffus, mais probablement appelé à devenir plus dense en raison de sa proximité avec Bergerac. Au vu de cette parcelle bénéficiant d'une vue dégagée plein sud, le concepteur préconise une habitation aveugle au nord, mais largement ouverte

ERIC LANUSSE

au sud pour profiter des atouts du lieu. Un parti pris accepté, d'où un plan qui reporte toutes les zones techniques au nord et dispose l'ensemble des pièces principales sur la façade sud prolongée par une grande terrasse.

Adoptant une structure métallique, la maison reçoit un bardage en red cedar, lazuré selon le vœu des propriétaires ne souhaitant pas voir le bois se griser. Elle reçoit également des panneaux de laine de roche (10 cm), tout comme la toiture en bac acier, quant à elle sur-isolée (30 cm) afin de faire écran aux nuisances sonores pouvant être occasionnées par de fortes pluies sur la tôle. Dans le double souci de répondre aux caractéristiques d'une maison solaire passive et aux réserves de sa cliente à l'égard du bois, la face nord est montée en briques monomur.

La maison, en travaux, vue sud-ouest.

Toutes les pièces principales sont situées au sud et disposent d'un accès à la terrasse par une baie coulissante en aluminium. A terme, les câbles métalliques permettront à la glycine de composer un brise-soleil végétal. Il est prévu également de végétaliser la toiture.

Ce produit, plus onéreux que le parpaing, présente aussi des qualités thermiques totalement différentes. Ces briques de terre cuite, d'une épaisseur de 37,5 cm, permettent, en effet, de construire en une seule opération un mur porteur et isolant, apte à emmagasiner la chaleur la journée pour la restituer la nuit.

A l'exception des murs pignons en red cedar, le bardage intérieur est constitué de plaques de plâtre pour prendre en compte les souhaits de sa cliente. Cet aménagement est mis à profit pour installer au plafond un chauffage électrique par panneau rayonnant et dégager ainsi les murs de tout radiateur.

Cette maison, primée en 2005 par le salon Maison Bois d'Angers, est appelée, à moyen terme, à se fondre dans le paysage : par les pieds de glycine installés sur la terrasse et destinées à grimper sur les câbles tendus pour créer un brise-soleil, et par sa toiture qu'il est prévu de végétaliser. La construction de cette habitation a inspiré à Eric Lanusse un concept de maison solaire passive orientée au sud. Son principe repose sur une structure bois et plusieurs modules adaptables en fonction du terrain et des besoins, chaque option étant chiffrée « comme une cuisine Ikea » afin de satisfaire des budgets compris entre 90 000 et 120 000 €.

DESCRIPTIF

- Concepteur: Eric Lanusse
- Coût : 110 000 € TTC (honoraires compris)
- Surface : 120 m² dont 10 m² de cellier non chauffé, plus 40 m² d'abri voitures
- Prix/m² : 916 €
- Chauffage : électrique par panneaux rayonnants au plafond
- Matériaux utilisés : structure mixte métal et bois, bardage red cedar
- Durée des études : 4 mois
- Durée du chantier : 9 mois
- Localisation : Dordogne
- Livraison : 2005

- Lot 01 : gros œuvre, VRD
[Marco Zuccari, Bergerac] 22 500,92 € HT
- Lot 02 : charpente et couverture métalliques
[REC, Vélines] 18 188,00 € HT
- Lot 03 : ossature bois
[Accord bois, Bergerac] 6 876,88 € HT
- Lot 04 : menuiserie aluminium
[Claude Ges, Marmande] 12 300,00 € HT
- Lot 05 : plâtrerie
[Jean-Pierre Tardière] 9 642,43 € HT
- Lot 06 : plomberie
[Claude Peltier, Saint-Nexans] 3 204,48 € HT
- Lot 07 : électricité, chauffage
[Claude Peltier, Saint-Nexans] 10 674,56 € HT
- Lot 08 : carrelage 2 201,47 € HT

- Total HT : 85 588,74 €
- TVA 19,6 % : 16 775,39 €
- Total TTC : 102 364,13 €

- Non compris dans les marchés : cuisine, peintures et aménagements extérieurs, assainissement

Plan de distribution

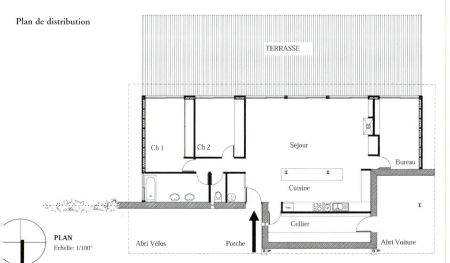

PLAN
Echelle: 1/100°

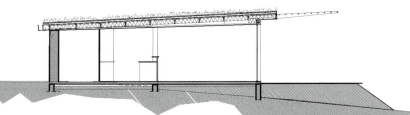

Coupe transversale

La maison papillon

ALEXANDRE FAVÉ

Dans une petite vallée du Morbihan, le terrain descend en pente douce vers une rivière boisée. Sa surface est importante, si grande qu'il est d'ailleurs prévu de lotir. Il ne s'agit pas d'une opération de lotissement au sens propre, mais d'un groupement de maisons sur un même terrain pour en rembourser une partie, cependant il s'agit davantage de s'entourer d'amis que de réaliser une opération financière. L'idée serait de concevoir un lotissement « alternatif », de mettre en commun une chaufferie centrale, de réfléchir à une organisation globale de la circulation en voiture, à vélo et à pied. Il faudrait aussi questionner la relation entre l'espace public et l'espace privé, aménager des zones de transition assurant l'intimité des parcelles, sans les verrouiller derrière des clôtures. Quant aux maisons, leur conception procéderait du même principe, non par esprit de secte, mais simplement pour rationaliser leur production et donc minorer les coûts. Le procédé devra pouvoir s'adapter aux besoins et aspirations de chacun, tant en surface qu'en qualité d'espace. C'est sur ce beau projet qu'Henri et son épouse ont interrogé Alexandre Favé.

Le système constructif de la maison s'inspire des recherches de Jean Prouvé sur la standardisation de l'habitat (*cf.* Introduction). Il s'agit d'une succession de portiques trapézoïdaux identiques, positionnés tête-bêche, d'où la toiture à double pan rentrant, en forme d'ailes de papillon. Au début de l'étude, l'architecte n'a pas d'a priori sur le choix d'un matériau pour la structure et son bardage : métal ? bois ? Pour l'instant, ce choix est laissé en suspens, il dépendra du savoir-faire local et des résultats des consultations d'entreprises et collectes de devis menées par Henri, qui participe activement au projet. Finalement, les devis les plus économiques porteront sur une structure bois : portique en lamellé-collé, murs en ossature bois, le reste de la charpente et le bardage en sapin douglas. Quoi qu'il en soit, l'usage de portiques fabriqués en atelier a permis de réduire la durée du chantier. En quinze jours, le bâtiment sera couvert, une semaine suffisant à l'édification de la charpente sans les murs ossature bois, une autre pour sa toiture en bac acier.

Le dispositif adopté définit une partition de l'espace en trois bandes longitudinales : deux de proportions identiques réunies par une troisième plus étroite, la galerie centrale établissant la jonction entre les portiques opposés. En procédant ainsi, l'architecte peut moduler les surfaces selon les besoins, en jouant avec les cloisonnements comme c'est le cas ici pour la chambre principale, dilatée dans sa longueur.

Vue sud-est.

Le couple souhaitant bénéficier d'une circulation très fluide et d'une surface plutôt décloisonnée, la largeur de la galerie (1,55 m) est donc principalement utilisée comme espace de distribution et de transition. Elle organise des seuils entre les différentes zones de l'habitation, créant aussi des transparences entre ses deux façades.

Calculé pour des portées de 3,60 x 3,40 m, chaque portique détermine avec son semblable une surface de 12 m² dont le « remplissage » est libre car indépendant de la structure de l'habitation. D'où plusieurs configurations envisageables : la possibilité de laisser ces espaces communiquer afin de former ici un grand séjour triple, une double salle à manger ouverte sur la cuisine, de créer des pièces isolées – la chambre, la buanderie, le bureau, la salle de bains – ou, au contraire, d'ouvrir complètement l'espace sur l'extérieur pour profiter de patios, option adoptée pour la chambre se prolongeant par une terrasse couverte. Autre avantage du système : il favorise l'évolution du bâtiment, son extension dans le temps par l'adjonction d'un ou plusieurs portiques selon les nouveaux besoins. Une opportunité saisie par Henri qui, six mois après la fin du chantier, commandait deux éléments supplémentaires pour bâtir un atelier. Réaction de l'architecte : « J'étais ravi de constater avec quelle rapidité le principe s'est vu approprié. Le commanditaire, le charpentier, les artisans : tous avaient le mode d'emploi, la construction s'est déroulée rapidement, sans souci. »

Fin 2005, la maison a reçu le prix du jury du salon Maison Bois d'Angers, une occasion pour Henri d'organiser des visites et de promouvoir avec enthousiasme ce système constructif qui commence d'ailleurs à faire des émules. Le procédé devrait bientôt engendrer une autre habitation qui bénéficiera de l'expérience acquise par la construction de ce prototype. Quant au projet de lotissement, il suit son cours.

La façade sud prolongée à l'est par l'atelier obtenu par le rajout de deux portiques supplémentaires.

Ci-contre : dans la galerie centrale de distribution, la succession des poteaux permet de lire le système constructif.

A droite : la salle à manger.

Ci-dessous : le salon bénéficie d'une double exposition : au sud sur le jardin, à l'est sur le patio prolongeant la chambre.

Plan de distribution

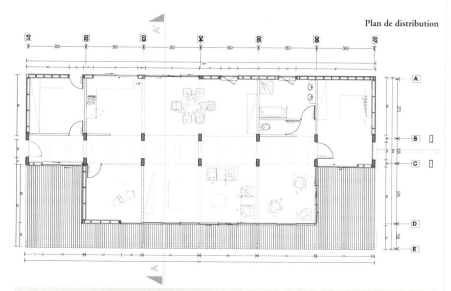

DESCRIPTIF

■ Architecte : Alexandre Favé
■ Coût : 115 063 € TTC (hors honoraires, 12,5%
du montant des travaux HT)
■ Surface : 163 m²
■ Prix/m² : 717 €
■ Chauffage : électrique par plafond Placowatt
■ Matériaux utilisés : structure en lamellé-collé, ossature
secondaire bois, bardage sapin douglas, toiture bac acier,
menuiseries extérieures aluminium, doublage placoplâtre
■ Durée des études : 6 mois
■ Durée du chantier : 6 mois
■ Localisation : Morbihan
■ Livraison : 2005

■ Lot 01 : charpente bois (portiques en lamellé-collé)
[Entreprise Turmel] 5 368,31 € HT
■ Lot 02 : murs ossature bois, bardage, terrasse
et couverture
[Accent bois] 52 503,62 € HT
■ Lot 03 : menuiseries extérieures aluminium
[Miroiterie Armor Alu] 20 831,47 € HT
■ Lot 05 : chauffage plafond rayonnant
[Acgo] 6407,07 € HT
■ Lot 06 : plomberie
[Lecadre] 6162,77 € HT
■ Lot 07 : électricité
[Lecadre] 4 933,91 € HT

■ Total HT : 96 207,15 €
■ TVA 19,6 % : 18 856,60 €
■ Total TTC : 115 063,75 €

■ Non compris dans les marchés : gros œuvre assuré
par le client (estimation 13 540 € TTC), lot 04 [cloisons
sèches, doublage, isolation (10 306 € TTC)

En raison de son large débord, la toiture est haubanée afin de renforcer sa résistance en cas de vent violent. Au premier plan, le patio prolongeant la chambre à coucher.

Schéma du principe
constructif par portique.

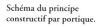

A
Villa urbaine

RAPHAËLLE SEGOND

une encablure du Vieux-Port de Marseille, un passage privé entre deux rues regroupe une grappe d'ateliers de petits métiers disparus. Utilisés de longue date comme remises par les commerçants et habitants du quartier, ils se sont maintenus « en l'état », rafistolés au fil du temps avec les moyens du bord. D'où le charme du lieu, une ambiance d'un autre âge, une atmosphère « typique » qui séduit un couple de Suisses allemands épris d'une culture fleurant un certain cinéma italien, les villes blessées par les difficultés matérielles et les spéculations douteuses, grouillantes de personnages interlopes, de destins flétris et de figures truculentes. Comme il se trouve qu'un terrain est à vendre ici, 15 m x 4 m entre quatre murs, la surface de ce qui fut jadis une forge détruite par un incendie, ils l'achètent immédiatement.

C'est en sillonnant leur futur quartier que Peter et Pia poussent la porte de l'agence de Raphaëlle Segond, installée à deux pas. Ils habitent Zurich. Il présente un journal télévisé et elle anime des émissions de variétés produites à Dubaï. Ils louent à Cassis mais trouvent l'endroit trop touristique. Tous deux préfèrent Marseille, moins lisse, plus authentique. Ce sera leur point de chute. Leur souhait :

une maison de vacances en pleine ville. Ils désirent quelque chose de simple, plutôt béton brut et verre (surtout pas de bois), des murs blancs, deux chambres, de l'intimité, beaucoup de lumière, une terrasse pour bronzer.

Après visite du terrain, Raphaëlle Segond s'aperçoit que la partie est loin d'être gagnée. Le site, dans le périmètre du palais de justice, est classé. L'intervention devra impérativement s'inscrire dans le volume du bâtiment d'origine. Le mur de la façade sur rue avec sa porte cochère flanquée de deux fenestrons est à conserver. Autrement dit, l'architecte dispose d'une surface aveugle pour satisfaire une demande plaçant l'ensoleillement au premier rang des qualités attendues de l'habitation. Et pour lui conférer l'intimité revendiquée elle aussi, elle devra composer avec la situation du lieu, en cœur d'îlot, cerné par des immeubles de six à sept étages et leur bataillon de balcons.

Vue du patio protégé par le balcon du séjour en surplomb. L'habitation construite entre quatre murs existants adopte un plan inversé : chambres au rez-de-chaussée, séjour à l'étage.

Afin de désenclaver le bâtiment, le parti pris adopté sera de l'implanter 3 m en retrait de la façade existante. En procédant ainsi, l'architecte dégage un volume extérieur utilisé comme terrasse à l'étage et patio au rez-de-chaussée, celui-ci recevant la lumière des pavés de verre constituant une partie du sol de la terrasse. Afin de faire circuler toute la lumière souhaitée dans l'habitation elle-même, tant au rez-de-chaussée accueillant deux chambres contiguës, qu'à l'étage recevant le séjour, l'intervention s'est concentrée sur deux éléments : un toit vitré sur ses flancs et un plancher décollé des murs laissant, de part et d'autre de l'habitation, un vide toute hauteur jusqu'au vitrage en toiture. Ce dispositif renvoie la lumière zénithale dans toute la maison par ses murs latéraux. Associé à l'usage de parois vitrées coulissantes dans les chambres, il réussit le pari difficile d'illuminer ce puits avec intensité et élégance.

Quant à l'intimité attendue, elle résulte des opérations précédentes. La terrasse encaissée entre le toit et le mur de façade se trouve abritée des regards, tout comme le patio protégé par la terrasse en porte à faux. Résultat ? Une exceptionnelle qualité de lumière qui définit une singulière maison de vacances captant les rayons du soleil en se repliant sur elle-même dans le tumulte de la ville. Le tout coiffé par un drôle de toit invisible de la ruelle, « une sorte de béret basquo-provençal assez burlesque », très épais pour accueillir toutes les gaines techniques – mais en tuiles, comme exigé. Le clin d'œil de l'architecte au règlement.

Le séjour, métal et béton selon les souhaits des commanditaires, est encadré de garde-corps le protégeant de la cage d'escalier (à gauche) et du vide toute hauteur jusqu'au vitrage de toiture (à droite).

© Philippe Ruault

A l'étage, le plafond et le plancher décollés des murs permettent de faire circuler la lumière des verrières de toiture jusqu'au rez-de-chaussée.

Page suivante : longeant les deux chambres du rez-de-chaussée, le caniveau planté va créer un jardin vertical.

© Philippe Ruault

Côté rue, la porte cochère de l'ancienne forge conservée telle quelle flanquée de ses deux fenestrons ouvre
sur le patio de l'habitation. On mesure ici, comme sur le plan en coupe — page suivante, en bas —, combien
le bâtiment est enclavé dans les immeubles sur lesquels il s'adosse.

© Philippe Ruault

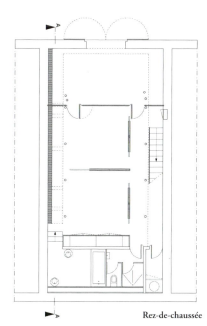

Rez-de-chaussée

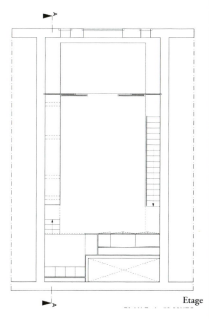

Etage

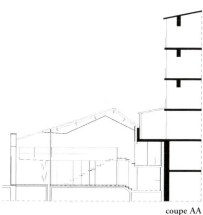

coupe AA

DESCRIPTIF

■ Architecte : Raphaëlle Segond
■ Coût : 131 000 € TTC
(hors honoraires, 10 % du montant des travaux HT)
■ Surface : 140 m²
■ Prix/m² : 935 €
■ Hauteur sous faîtage : 7 m
■ Chauffage : plancher chauffant électrique
■ Matériaux utilisés : béton, acier galvanisé, verre, menuiseries aluminium
■ Durée des études : 10 mois
■ Durée du chantier : 12 mois
■ Localisation : Bouches-du-Rhône
■ Livraison : 2001

■ Lot 01 : terrassement
[Maria et fils] 5 793 € HT
■ Lot 02 : gros œuvre [Habab] 30 489 € HT
■ Lot 03 : charpente et couverture [Habab] 9 146 € HT
■ Lot 04 : peinture et revêtement de sol
[Durite enduits] 9 909 € HT
■ Lot 05 : électricité, chauffage, plomberie
[Devictor] 19 742 € HT
■ Lot 06 : menuiserie aluminium, serrurerie
[Maria aluminium] 25 001 € HT
■ Lot 07 : menuiserie bois
[Menuiserie du Roucas] 10 214 € HT

■ Total HT : 110 294 €
■ TVA 19,6 % : 21 617 €
■ Total TTC : 131 911 €

■ Non compris dans les marchés :
luminaires et mobilier

La maison sur pilotis

FRÉDÉRIQUE HOERNER
& ERIC ORDONNEAU

Résolus à construire, Jean-Marc et Samira, qui attendent leur premier enfant et vivent en location dans un appartement de Bordeaux, se mettent en quête d'un terrain puis font appel à un constructeur de maisons individuelles. « Avec notre budget d'environ 150 000 €, on nous proposait une bâtisse traditionnelle correspondant prétendument à la configuration de notre terrain. Mais il se trouve que nous avons finalement renoncé à celui-ci pour en choisir un autre moins banal, exposé différemment et très pentu. Or, malgré ces caractéristiques tout autres, l'entreprise nous a préconisé exactement le même bâtiment ! Et il aurait fallu faire le tour du terrain pour entrer chez nous ! D'où une forte impression d'être pris pour des imbéciles… »

Cette déconvenue digérée, le couple interroge deux architectes, sans leur dissimuler son intention de les mettre en concurrence. Le procédé, courant dans les marchés publics, peut également être employé par un particulier, sachant, bien entendu, qu'il a un coût : le prix de la consultation. Celle-ci se traduit par une esquisse, le choix d'un principe constructif et le devis du projet. Elle représente 1 % à 1,5 % environ du prix de revient de la future construction, soit, en l'occurrence, une somme de l'ordre de 1500 €. « Nous avons finalement choisi la proposition de Frédérique Hoerner dont les plans nous procuraient une vue superbe sur les environs. »

A l'extrémité de l'habitation le séjour est prolongé par une terrasse au sud protégée du soleil d'été par un large débord de toiture.

En périphérie d'une petite commune de Gironde, leur terrain, vaste prairie au dénivelé important – 2,40 m –, bénéficie d'une large vue sur les vignes. La maison implantée au milieu de la parcelle, en contrebas de la route au nord, est bâtie sur pilotis pour diverses raisons : s'affranchir des irrégularités du terrain et éviter ainsi d'importants travaux de terrassement, respecter le profil de la colline et créer du même coup une double hauteur d'étage du côté bas de la pente. Constituée de six portiques et d'une charpente métalliques, l'habitation adopte une structure bois pour ses parois.

La galerie bordant la maison à l'ouest sur toute sa longueur (30 m) dessert, en son centre, la porte d'entrée de l'habitation, puis la terrasse, à son extrémité. Cet élément clé de la circulation joue aussi un rôle d'agrément et d'accès au niveau inférieur. L'entrée s'effectue dans une serre-jardin d'hiver, surface tampon entre les deux parties du lieu. Le côté nord regroupe les trois chambres, les sanitaires, un coin bureau et une salle de jeux. Au sud, un plan libre accueille la cuisine et le séjour prolongé par la terrasse. A l'exception de deux chambres et de la salle de bains orientées à l'est, l'ensemble des pièces s'ouvrent côté galerie couverte, à l'ouest sur les vignes, par de larges baies vitrées (2 m x 2,60 m), le séjour bénéficiant de surcroît d'une ouverture au sud (6 m x 2,60 m) sur la terrasse, couverte elle aussi.

Ces dispositifs permettent de capter le soleil bas de l'hiver et de s'en protéger l'été, ce qui est indispensable dans cette région fortement ensoleillée. L'isolation en toiture assurée par des combles répond à ce même souci de stabilité thermique de l'habitation. Pour son budget initial, le couple qui demandait une surface de quelque 140 m², bénéficie de 171 m², sans compter la galerie et la terrasse, ni le niveau inférieur d'une surface de 72 m², laissée telle quelle, non close pour l'instant mais dotée d'un fort potentiel.

Sur un terrain constitué d'une vaste prairie au dénivelé important, la maison sur pilotis se déploie sur 30 m de long, bordés à l'ouest d'une galerie de circulation et d'agrément. En toiture, au centre du bâtiment, on distingue la verrière de la serre-jardin d'hiver (photo montage).

Ci-dessus : le séjour vu depuis la serre.
Ci-contre, en haut : bénéficiant d'une triple exposition, la pièce à vivre est aussi ouverte sur la serre au nord.
En bas : l'espace salle à manger.

Détail de la galerie ouest desservant la porte d'entrée de la maison et, à son extrémité sud, l'escalier menant au terrain.
Ci-contre : la terrasse sud ouvre le séjour sur la végétation.

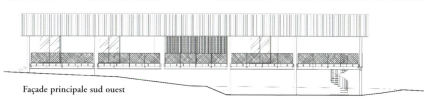

Façade principale sud ouest

Plan de distribution

Les différentes phases de la construction. La charpente est constituée de six portiques métalliques distants de 6 m définissant une portée de 7 m, la largeur de la maison. L'ossature secondaire en pin et sapin reçoit des panneaux de contreplaqué marine en bardage extérieur.

DESCRIPTIF

- Architecte : Frédérique Hoerner et Eric Ordenneau
- Coût : 134 698 € TTC (hors honoraires)
- Surface : 171 m², plus galerie et terrasse couvertes, 58 m², espace sous pilotis, 72 m²
- Prix/m² : 787 €
- Chauffage : central par gaz de ville
- Matériaux utilisés : structure mixte, métal et bois
- Durée des études : 9 mois
- Durée du chantier : 5 mois
- Localisation : Gironde
- Livraison : 2005

- Lot 01 : gros œuvre [J.-M. Ordonneau] 13 730 € HT
- Lots 02 + 03 : charpente métal + couverture [C.M. Lévêque] 41 811 € HT
- Lot 04 : menuiseries aluminium [Somir] 15 263 € HT
- Lot 05 : charpente et menuiserie bois [J.-F. Coureau] 18 351,11 € HT
- Lot 06 : plomberie, chauffage [P. Clauzure] 8272 € HT
- Lot 07 : électricité, ventilation [M. Bailly] 4 415,84 € HT
- Lot 08 : Plâtrerie [M. Fenoll] 10 780,83 € HT

- Total HT : 112 623,78 €
- TVA 19,6 % : 22 074,26 €
- Total TTC : 134 698,04 €
- Non compris dans les marchés : fondations spéciales, garde-corps, façades serre, lames du caillebotis, peinture

T Dans le hangar

MICHEL BAZANTAY
& SYLVAIN GASTÉ

out commence par un coup de téléphone : Nicolas et Sandrine appelant à la rescousse les architectes Michel Bazantay et Sylvain Gasté, des amis perdus de vue. Ils ont trouvé un terrain dans un village historique des environs de Nantes et déjà consulté quelques constructeurs dont ils attendent les propositions. Le couple espère des conseils. Ils disposent d'un budget de 120 000 € et vivent pour l'instant en location dans une maison dont la pièce principale est spacieuse et lumineuse. Dans leur future maison, ils souhaiteraient « au moins ça ». Leurs exigences sont simples : « grand, très grand, pas cher, très lumineux », mais ils se moquent de l'aspect extérieur, et n'ont pas d'idées préconçues sur le choix des matériaux ou le principe constructif. Les architectes leur montrent des images de maisons, dont la très publiée maison Latapie imaginée par Anne Lacaton et Jean-Philippe Vassal (*cf.* Introduction). Ils leur font aussi visiter quelques réalisations de confrères dans les alentours.

Le temps passe. Certaines propositions de constructeurs se font attendre et celles qui arrivent ne satisfont pas Nicolas et Sandrine qui jugent leurs ouvertures trop petites, leurs plans types inadaptés à leurs aspirations. Ils poursuivent les discussions avec les architectes puis, de fil en aiguille, décident de leur confier le projet. Jusqu'à présent, ils n'ont construit que des extensions, des surélévations, pas encore de maisons neuves. Mais les jeunes architectes

sont motivés et connaissent maintenant les attentes du couple. Ils ont identifié une piste qui pourrait déboucher sur la solution appropriée pour construire grand et pas cher.

Ils se mettent en quête d'un bâtiment standard, une grande enveloppe basique dans laquelle certains volumes seraient chauffés et d'autres pas. Ils pensent à une serre horticole. Le terrain, 50 m de long par 20 m de large, est situé dans une rue bordée de pavillons des années 1960. En implantant la construction côté rue et en limite de propriété sur toute sa largeur, le jardin orienté sud-est serait optimisé. Des fabricants de serres sont donc interrogés. En vain, la surface du projet est beaucoup trop petite pour les intéresser.

Simultanément, les études se poursuivent. La maison projetée aura un étage, quatre chambres, deux salles de bains, un garage traversant avec un grenier au-dessus, un grand salon-cuisine et un jardin d'hiver. C'est alors qu'un fabricant de bâtiments agricoles est repéré. Il fabrique en structure bois 15 ha de hangars par mois à un prix abordable : 70 € le mètre carré, soit 14 000 € pour les quelque 200 m² envisagés.

Généreusement ouverte sur le jardin, la façade sud de l'habitation est transparente.

© Philippe Ruault

Mais dès le premier contact, il apparaît aussi que cette entreprise ne se sent pas concernée par le projet. Construire une maison n'est pas leur métier. Sans désarmer, les architectes reformulent leur souhait : ils ne veulent pas une maison, mais bien un hangar, exactement ce que l'entreprise réalise d'ordinaire… L'affaire se conclut sur la base d'un bâtiment de 20 m par 10 m et d'une hauteur de 5 m en façade, pratiquement ce que l'entreprise sait faire de plus petit.

La structure du hangar montée, les architectes l'habillent, au nord et sur les pignons, d'un bardage vertical en sapin. Et afin d'ouvrir toute l'habitation au sud, ils optent, côté jardin, pour des panneaux de polycarbonate ondulé en toiture et façade, un parti pris de transparence complété par l'installation de deux fois 15 mètres linéaires de baies en aluminium. Les premières, en double vitrage, séparent le rez-de-chaussée de l'habitation du jardin d'hiver et les secondes établissent une partition entre le jardin d'hiver et le jardin. Le dispositif coulissant adopté permet aux trois espaces de communiquer largement. Au nord, sur la rue, la façade est plus opaque, ne comprenant que la porte d'entrée et quelques ouvertures attribuées aux chambres et salles de bains. Quant aux pignons, ils sont aveugles en raison de leur situation en limite de propriété.

Au diapason du bâtiment, l'agencement intérieur est très simple. Le moins de cloisons et de portes possibles, ou coulissantes pour rendre l'espace fluide. Le rez-de-chaussée reçoit une buanderie communiquant avec le garage, un vaste séjour-cuisine puis la chambre parentale et sa salle de bains. A l'étage : une galerie bureau distribue trois chambres pour les enfants et amis ainsi qu'une salle de bains commune. Une petite terrasse est aménagée sur le vide du jardin d'hiver, un filet tressé assumant le rôle de garde-corps. « C'est un type de construction élaborés pour aller à l'essentiel, commentent les architectes. Il répond à toutes les fonctions attendues d'une habitation, mais

utilise peu de matériaux pour réduire les coûts. Exemple ? Le plancher et l'ossature bois de la façade de l'étage en triply laissé tel que, ce qui est structurel fait office de parement. »

La maison étant située dans le périmètre d'un site classé, l'obtention du permis de construire est soumise à des contraintes architecturales. Mais le maire n'est pas opposé au projet et les architectes se sortent bien des

obligations réglementaires : ils devront simplement recouvrir de tuiles la couverture en fibrociment ondulé et prévoir des plantations masquant la maison. Au début, les riverains jasent un peu. On ironise sur cette maison aux « allures de supérette ». Puis elle est finalement acceptée par le voisinage, et de bon gré puisque les enfants du quartier ne ratent jamais une occasion de venir jouer dans sa serre.

L'ouverture sur le jardin s'effectue via deux fois 15 mètres linéaires de baies coulissantes en aluminium. Elles séparent le salon et la chambre du rez-de-chaussée du jardin d'hiver. Et le jardin d'hiver du jardin.

Détail de la façade sud, recevant un bardage transparent de panneaux de polycarbonate ondulé.

Ci-contre : à l'étage, la galerie-bureau distribue les chambres et la salle de bains. En façade, le triply de l'ossature est laissé tel quel. Robuste et économique, le même matériau est utilisé en plancher.

Le jardin d'hiver définit un espace intermédiaire non chauffé d'une surface de 45 m².
Ci-contre : seul luxe de la maison, le plafond du salon reçoit en partie des panneaux de cellulose alvéolée isolants et translucides afin de faire circuler la lumière plus profondément dans la pièce.

© Philippe Ruault

Rez-de-chaussée

N

Etage

Coupe
transversale

D E S C R I P T I F

- Architectes : Michel Bazantay et Sylvain Gasté
- Coût : 130 600 € TTC
(hors honoraires, 11 % du montant des travaux HT)
- Surface chauffée : 175 m²
- Surface non chauffée : 126 m² comprenant jardin d'hiver
(45 m²), garage (35 m²), grenier (35 m²), terrasse (11 m²)
- Surface totale utilisable : 301 m²
- Prix/m² surface chauffée : 733 €
- Prix/m² surface utilisable : 426 €
Chauffage : chaudière au fuel + plancher chauffant au
rez-de-chaussée et radiateurs à l'étage
- Matériaux utilisés : structure bois (chêne et sapin),
bardage sapin et polycarbonate pour la façade sud,
couverture fibrociment + tuiles collées, menuiserie
extérieure aluminium, portes de garage standard
- Durée des études : 1 an
- Durée du chantier : 6 mois
- Localisation : Loire-Atlantique
- Livraison : 2003

- Lot 01 : gros œuvre/VRD
[Entreprise Seribat] 18 236 € HT
- Lot 02 : ossature bois (charpente, couverture, bardage,
structure + revêtement plancher d'étage)
[Entreprise Trillot] 32 145 € HT
- Lot 03 : menuiseries extérieures
[Atlantic Alu] 12 548 € HT
- Lot 04 : plomberie, chauffage
[Entreprise Gautier] 14 900 € HT
- Lot 05 : électricité
[Entreprise Brosseau] 4 508 € HT
- Lot 06 : cloisons, isolation, menuiseries intérieures
[APC] 14 240 € HT
- Lot 07 : serrurerie
[Entreprise Guillet] 4 840 € HT

- Diverses fournitures : 7 800 € HT

- Total HT : 109 217 €
- TVA 19,6 % : 21 406,53 €
- Total TTC : 130 623,58 €

*Peu ouverte, la façade nord de la maison protège
l'habitation de la rue.*

E Cubique

PATRICK PARTOUCHE

En 2004, lors d'un séjour à Paris, Christiane et Luc se rendent à l'exposition « Vivre c'est habiter » au Parc de la Villette. La manifestation, qui propose entre autres la visite commentée de deux maisons d'architectes édifiées sur le site – l'une en bois, la seconde en métal –, les intéresse vivement. Le couple envisage de faire construire et il est conquis par l'habitation métallique. Quelques mois plus tard, l'achat de leur terrain effectué, ils se mettent donc en quête d'un architecte de leur région familier du métal. C'est alors qu'ils prennent connaissance via Internet d'un projet de Patrick Partouche, sa propre maison qui abrite également son agence et adopte le métal en structure comme en vêture.

« Nous adorons les maisons tous les deux, remarque Luc, celle-ci est notre huitième ! La soixantaine approchant, la dernière d'entre elles, du XVIIIᵉ, tout en hauteur, ne nous convenait plus. D'où le besoin de changer avec comme objectif de pouvoir vivre de plain-pied et, pourquoi pas, expérimenter un espace différent, un aménagement de type loft nous séduisait assez. » En centre-ville d'Arras, le terrain acquis par le couple ne manque pas de charme : une parcelle en longueur nichée en plein cœur des jardins des propriétés avoisinantes, un ensemble assez hétéroclite de maisons des années 1930 et 1960 ainsi qu'un groupe d'immeubles de faible hauteur. Christiane et Luc veulent pouvoir vivre au rez-de-chaussée et accueillir leurs enfants et petits-enfants à l'étage. Ils souhaitent un espace de vie ensoleillé et bénéficier d'une sensation de volume. Ils apprécient les matériaux bruts, sont ouverts à toute proposition, simple mais originale si possible, un peu à l'image des objets qui les touchent, des assiettes de porcelaine, des carreaux de faïence, des meubles anciens, ou bien signés Le Corbusier, les fresques et les tags d'un de leur gendre artiste, Vincent Robine du Collectif de la Girafe à Lille.

Bardage horizontal de tôle ondulée laquée en façade pour un couple de pré-retraités demandeurs d'une esthétique industrielle après avoir vécu dans plusieurs maisons en pierres.

Le budget validé et le plan de l'habitation adopté, le principe constructif tout métal de l'habitation est remis en cause par la conjoncture. En 2004, sous l'effet conjugué de l'accroissement considérable de la demande chinoise et des tensions d'approvisionnement en matières premières nécessaires à l'industrie sidérurgique, l'acier connaît une augmentation vertigineuse de l'ordre de + 70 %. « Les entreprises répercutaient la hausse d'une semaine à l'autre, se souvient l'architecte, de telle sorte qu'il était impossible d'avoir un devis, les prix étant établis à la livraison ! »

Dans ces conditions, l'architecte renonce en partie à l'usage du métal et opte pour une structure en parpaings afin de respecter le budget. L'utilisation du métal est maintenue pour le bardage extérieur, la toiture et l'ossature du plancher. Implantée à l'extrémité nord du terrain pour bénéficier d'un jardin sur toute la longueur de la bande, la maison occupe en totalité la largeur de la parcelle. Définissant un parallélépipède pratiquement cubique (9 m x 10 m), elle présente deux façades identiques chacune composée d'une longue baie vitrée au rez-de-chaussée et de deux fenêtres allongées à l'étage. Cette disposition qui apporte un supplément de lumière dans le séjour et une intimité dans les chambres au sud confère une figure humaine au bâtiment, une bouille accueillante avec « des yeux plissés et la bouche souriante » qui enchante ses habitants.

L'entrée, au sud, dessert la chambre du couple face à la salle à manger ouverte sur la cuisine, en partie décloisonnée sur le séjour laissé toute hauteur. Six mètres qui apportent au couple le volume et l'ensoleillement souhaités, le soleil traversant les baies en façades au cours de la journée. A l'étage, deux chambres, une salle de bains et le bureau installé sur la mezzanine. L'ambiance loft demandée est obtenue par plusieurs éléments : la sous-face galvanisée de la toiture, les poutrelles et l'escalier métalliques de la mezzanine, la chape de béton peinte mais laissée brute, non lissée. Le contraste

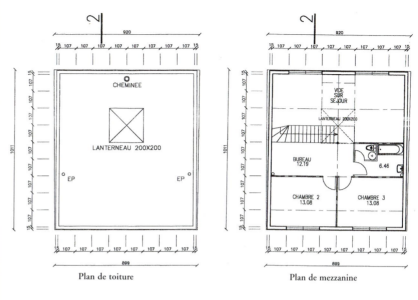

Plan de toiture   Plan de mezzanine

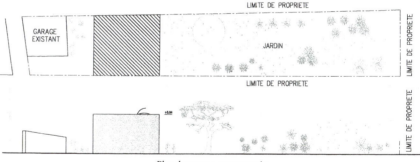

Plan de masse + coupe terrain

avec les collections du couple et le choix de portes moulurées est assez saisissant, un anachronisme qui ravit l'architecte : « C'est une déco qui s'affranchit sans complexe du bâtiment, j'apprécie cette liberté des occupants fondée exclusivement sur le plaisir. »

Au-delà de son esthétique industrielle, la maison sur-isolée est au-dessus de toutes les normes réglementaires en matière d'efficacité thermique. Le plancher chauffant électrique, les fenêtres aluminium à rupture de pont thermique ou la VMC sont aussi des équipements qui rassuraient le couple, un peu lassé des demeures qu'il a connues plus jeune, pleines de charme et de courants d'air.

Ci-contre, en haut : dans le séjour, 40 m² en double hauteur, la sous-face de toiture en bac acier est galvanisée au diapason des marches de l'escalier en caillebotis.

En bas : dans le séjour, un poêle à bois complète pour l'agrément le chauffage par plancher rayonnant.

Ci-dessus : sous les poutrelles du plancher métallique, la collection d'assiettes en porcelaine du couple joue les festons.

DESCRIPTIF

- Architecte : Patrick Partouche
- Coût : 127 972 € TTC, (hors honoraires, 14 % du montant des travaux HT)
- Surface : 130 m²
- Prix/m² : 984 €
- Chauffage : électrique par plancher chauffant
- Matériaux utilisés : maçonnerie, métal en bardage et couverture bac acier
- Durée des études : 6 mois
- Durée du chantier : 7 mois
- Localisation : Pas-de-Calais
- Livraison : 2006
- Travaux réalisés par une entreprise tous corps d'états

- Lot 01 : gros œuvre, VRD, assainissement : 42 000 € HT
- Lot 02 : composants métalliques : 22 350 € HT
- Lot 03 : isolation, doublage, plâtrerie, menuiseries bois : 14 160 € HT
- Lot 04 : menuiseries extérieures aluminium : 15 880 € HT
- Lot 05 : électricité, chauffage : 8 360 € HT
- Lot 06 : plomberie : 4 250 € HT

- Total HT : 107 000 €
- TVA 19,6 % : 20 972 €
- Total TTC : 127 972 €

- Non compris dans les marchés : peintures intérieures et mobilier cuisine

Balcon en forêt

VINCENT POEYMIROO

on loin de Mont-de-Marsan, dans un lotissement garni de hautes bâtisses pseudo-landaises arborant hardiment des entrées à colonnes romaines et des toitures à plusieurs pans aux découpes sophistiquées, cette maison en pin de plain-pied, délicatement décollée du sol, ne se remarque pas. Un motif de satisfaction pour l'architecte Vincent Poeymiroo qui a construit ici avec l'intention de se fondre dans la forêt mitoyenne en se référant à l'habitat local, les cabanes des gemmeurs, exploitants forestiers chargés de recueillir jadis la résine des pins.

Conçue pour un couple avec enfants, cette résidence principale s'attache à offrir à ses habitants la sensation de vivre au cœur de la pinède. Les grandes baies vitrées du séjour et la fenêtre surdimensionnée en hauteur (2,30 m x 0,70 m) dans chacune des trois chambres implantées à l'ouest participent à dématérialiser la limite entre l'intérieur et l'extérieur. La forêt pénètre le lieu. Cette vue généreuse établissant une continuité visuelle avec le sol du jardin depuis les lits compense la surface réduite des chambres, entre 7 et 11 m². Dans le souci d'élaborer une maison économique d'usage, ventilée naturellement, sans climatisation, le séjour vitré sur toute sa longueur est orienté à l'est. Son ouverture partielle sur la terrasse au sud dotée d'un long avant-toit cumule les fonctions de parvis d'entrée et de terrasse d'agrément. La maison bénéficie ainsi du soleil d'hiver et s'en protège l'été. Pourvue d'une isolation performante, l'habitation, qui profite par ailleurs du confort thermique du bois, s'avère économe en énergie. En outre, les bois utilisés ayant reçu un traitement préalable, ils ne nécessitent aucun entretien extérieur particulier.

La volumétrie de la maison, très simple, est exploitée dans sa totalité. Les volumes intérieurs suivent les rampants en volige de pin des Landes. A partir de la ligne faîtière, l'agencement scinde l'espace en deux bandes longitudinales. La première, à l'ouest, regroupe les pièces techniques et les chambres, tandis que la seconde, à l'est, est dédiée à l'espace de vie principal. Ce dernier est complété par une cuisine au sud et une zone polyvalente au nord, délimitée par trois panneaux pivotants toute hauteur. Ouverts, ils définissent une alcôve protégée pour se détendre ou lire tout en restant à l'écart du séjour. Fermés, ils permettent de disposer d'une quatrième chambre.

Dans le séjour, trois panneaux pivotants toute hauteur (3,80 m) délimitent un espace polyvalent, alcôve pour la lecture ou chambre d'appoint.

*Orientée est et vitrée sur toute sa longueur, la pièce
à vivre se déploie sur 60 m², espace cuisine compris.*

*A droite : les volumes intérieurs suivent les ram-
pants en volige de pin des Landes.*

Ci-dessus : l'espace cuisine.
A droite : selon les besoins, les trois
panneaux pivotants ouvrent, ou non,
l'alcôve sur le séjour. A gauche de
l'image, au-dessus de la porte, on
remarque le dispositif de cloisons
vitrées à partir de 2,20 m faisant
circuler la lumière dans toute
l'habitation.

Toutes les cloisons sont vitrées à partir de 2,20 m jusqu'au toit. Procéder ainsi permet de faire circuler la lumière et de profiter de l'ampleur du volume en tout point de l'habitation, notamment depuis les chambres où, en position allongée, le regard n'est bloqué par aucune paroi.

L'architecte propose ici une adaptation personnalisée d'un concept qu'il parfait depuis six ans, une habitation à structure bois composée de portiques en lamellé-collé de pin, supports de la couverture et du plancher.

Optimisé pour une équidistance de 3,30 m et une portée de 8 m qui définira la largeur de la maison, ce principe constructif lui permet de bâtir avec cette structure une habitation de deux à quatre chambres en ajoutant un, deux ou trois portiques supplémentaires. Avantage du principe ? Les calculs de charpente étant déjà effectués, les délais et coût d'études se trouvent réduits. Quant à l'usage du portique, il dispense de tout élément porteur à l'intérieur du bâtiment et autorise de ce fait une totale liberté dans l'agencement de l'espace et ses éventuels cloison-

nements. Enfin, la découpe et l'assemblage de certaines pièces de la structure étant réalisés en atelier, le délai de chantier est écourté, minimisant ses aléas et ses coûts. En vingt jours ouvrables, le bâtiment est clos et couvert, en produisant un minimum de déchets et de nuisances.

L'entrée de la maison s'effectue par la terrasse sud faisant parvis. Etroites et étirées en hauteur (0,70 m x 2,30 m), les ouvertures établissent dans la cuisine et les chambres une continuité visuelle avec le sol du jardin.

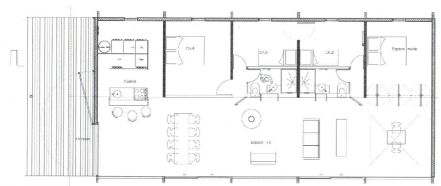

Plan distribution

Plan en coupe

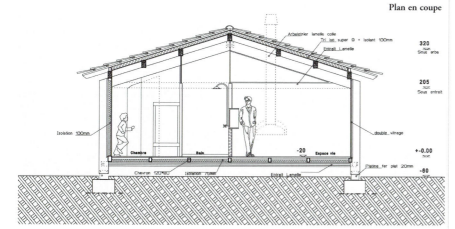

DESCRIPTIF

- Architecte : Vincent Poeymiroo
- Coût : 130 000 € TTC
(hors honoraires, 12% du montant des travaux HT)
- Surface : 120 m²
- Prix/m² : 1084 €
- Chauffage : panneaux
rayonnants électriques
- Matériaux utilisés : ossature primaire
et secondaire en bois de pin et sapin
- Durée des études : 1 mois
- Durée du chantier : 2 mois
- Localisation : Landes
- Livraison : 2005

- Lot 01 : gros œuvre
[Lacaze constructions] 6000 € TTC
- Lot 02 : charpente bois et bardage
[Michieletto] 90 000 € TTC
- Lot 03 : miroiterie
[Miroiterie Landaise] 14 000 € TTC
- Lot 04 : électricité [Gosda] 11 000 € TTC
- Lot 05 : plomberie [Tendil] 9000 € TTC

- Total HT : 104 520 €
- TVA 19,6 % : 25 480 €
- Total TTC : 130 000 €

- Non compris dans les marchés : aménagement
cuisine et poêle à bois

Ouvertes, les généreuses baies coulissantes du séjour métamorphosent cette pièce principale en balcon sur la forêt des Landes.

Jeux de lumière dans le salon.

La maison tunnel

CÉCILE GAUDOIN &
ALEXANDRE FAVE

Après plusieurs années passées en région parisienne, Jérôme, artisan spécialisé dans les menuiseries métalliques, entreprend de venir s'installer au pays. Il acquiert un terrain dans son hameau natal, puis se met en quête d'un architecte susceptible de réaliser son rêve. « Séduit par les opérations d'usines réhabilitées en logement, je suis un partisan de l'esprit loft. Je souhaitais donc des volumes généreux, un vaste espace de vie plutôt décloisonné. Pour obtenir cela, j'avais en revanche peu d'exigences sur les chambres, qu'elles soient petites m'était indifférent d'autant plus qu'il en fallait tout de même quatre car nous avons trois enfants. »

C'est avec ce projet qu'il rencontre Cécile Gaudoin et Alexandre Favé, tandem de jeunes architectes rennais. « Jérôme semblait ouvert à toutes les propositions, pourvu qu'il puisse bénéficier de l'espace qu'il souhaitait : un volume évolutif qui permettrait aussi au couple de recevoir ses amis et d'assouvir sa passion des plantes dans un jardin d'hiver. Cette détermination et le budget serré qui nous était alloué étaient très motivants. » Compte tenu des caractéristiques du programme et de la situation du terrain dans un lieu-dit rural, les pistes envisagées par les architectes s'orientent assez naturellement vers la typologie du hangar. Jérôme et son épouse adhérant avec enthousiasme à cette option, le principe est adopté : il s'agira d'un hangar préfabriqué par un constructeur spécialisé, un volume que les architectes détourneront en habitation.

Le bâtiment idéal est identifié via Internet sur le site d'un fabricant belge. Proposé dans la gamme de l'industriel comme « l'espace couvert le plus économique », il présente aussi la particularité d'une ossature en demi-sphère lui conférant des allures de tunnel. Le modèle choisi (24,40 m x 8,50 m), traditionnellement utilisé pour des stockages divers, ou pour abriter des avions, nécessite néanmoins quelques aménagements préalables. En collaboration avec le bureau d'études du fabricant, Cécile et Alexandre accompagnent le couple dans le choix des options proposées par le constructeur en étudiant les personnalisations possibles : une pré-isolation, des percements pour installer portes, fenêtres et baies, plusieurs panneaux de toiture translucide afin de créer des puits de lumière. Quelques échanges de plans plus tard, les modifications projetées sont réalisées en usine par l'industriel. Puis le hangar est livré sur place en pièces détachées par camion. Sept jours suffiront à trois techniciens du constructeur pour monter ce Meccano sur ses fondations en béton.

130

Coût de l'opération : 20 280 € HT. Pour les architectes, le travail ne fait que commencer.

« Le principe adopté est celui de la boîte dans la boîte. Le plancher de l'étage repose sur une ossature bois indépendante de la structure du bâtiment lui-même. » Dans le souci d'optimiser le volume, le doublage de toiture demeurant intégralement apparent est particulièrement soigné. Il est composé d'une seconde isolation de laine de roche (220 mm) revêtue de deux couches de contreplaqué croisées et cintrées naturellement par leurs points de fixation sur l'ossature. Résultat ? Un plafond parfaitement voûté définissant un espace beaucoup plus intime qu'on aurait pu l'imager. Aucune arête ne vient heurter le regard, la sensualité de la courbe opère. Au rez-de-chaussée, l'agencement ménage à l'ouest une large baie vitrée prolongée par une terrasse et une longue galerie au sud s'achevant par un jardin d'hiver. Depuis la pièce à vivre laissée toute hauteur, un large dégagement dessert deux chambres implantées dans l'extrémité est du bâtiment ainsi qu'une buanderie, une salle de bains et des toilettes assez vastes pour accueillir une bibliothèque. Quant à l'étage, il comprend deux chambres distribuées par un palier-salle de jeux en mezzanine sur le vide du séjour. Ce « loft agricole » se distingue par une circulation fluide que le propriétaire entend conserver en privilégiant des rangements intégrés le long des parois, en partie habillées de placoplâtre pour pallier l'omniprésence du bois.

En haut : le hangar, tel qu'il fut livré et monté par son constructeur, pourvu d'une pré-isolation anti-condensation et percé des ouvertures déterminées par les architectes.

En bas : construction de l'ossature bois par une équipe d'artisans locaux, la boîte dans la boîte, indépendante de la structure du bâtiment.

La façade sud. En toiture, on aperçoit les panneaux de polycarbonate éclairant le jardin d'hiver. A l'ouest, la toiture du hangar a été décapité sur 2 trames afin de recevoir un brise-soleil en textile. Ci-contre : sur le pignon est, les ouvertures verticales équipant les chambres.

Rez-de-chaussée

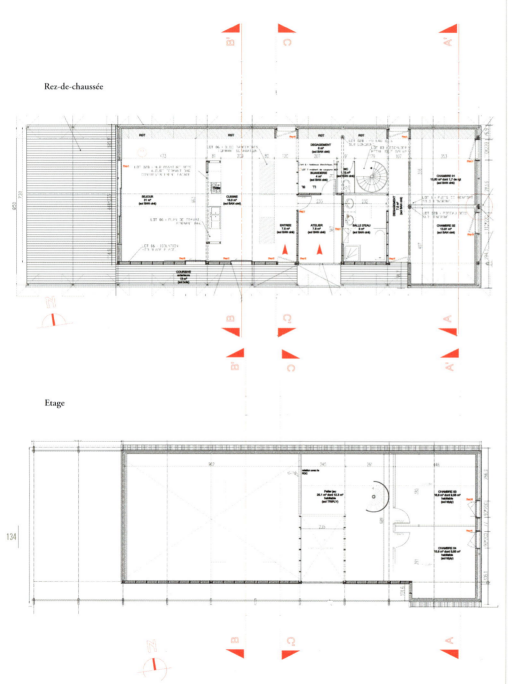

Etage

Le parement intérieur en contre-plaqué cintré épouse la voûte en berceau du bâtiment.
En haut : détail du jardin d'hiver.

- Architectes : Cécile Gaudoin et Alexandre Favé
- Coût : 123 000 € TTC (hors honoraires, 12,5% du montant des travaux HT)
- Surface : 161 m² dont 33 m² à l'étage
- Prix/m² : 763 €
- Hauteur «sous voûte» à l'intérieur du bâtiment : 4,85 m
- Chauffage : électrique par panneaux rayonnants
- Matériaux utilisés : hangar Frisomat, structure bois et bardage contreplaqué pour l'aménagement intérieur
- Durée des études : 18 mois
- Durée du chantier : 3 mois
- Localisation : Ille-et-Vilaine
- Livraison : 2006

- Lot 01 : gros œuvre, VRD, assainissement [Toubon, Janzé] 34 819,30 € HT
- Lot 02A : ossature métallique, bardage [Frisomat, Belgique] 20 280,00 € HT
- Lot 02B : charpente bois, bardage [Hurault, Châteaugiron] 14 277,85 € HT
- Lot 04 : sorties de toiture [Gloriant, Saint-Didier] 3 140,68 € HT
- Lot 06 : isolation, doublage [Aprim, Pont-Péan] 16 972,49 € HT
- Lot 07 : plomberie [Sarl Pannetier, Servon-sur-Vilaine] 3 833,64 € HT
- Lot 08 : électricité, chauffage [Bruz'elec, Noyal-Châtillon-sur-Seiche] 9 575,09 € HT

- Total HT : 102 899,05 €
- TVA 19,6 % : 20 168,21 €
- Total TTC : 123 067,26 €

- Non compris dans les marchés : menuiseries extérieures, peinture et métallerie

Le comptoir de la cuisine ouverte sur le séjour est implanté au sud à proximité de la coursive. En arrière-plan, le jardin d'hiver.

Oh la belle rouge !

RAPHAËLLE SEGOND

u nord de Marseille, un couple d'enseignants se porte acquéreur d'un petit terrain dans une « résidence » truffée de mas dits provençaux, ventripotents, caparaçonnés de crépis, bardés de digicodes et cuirassés de portails épais. Mais la parcelle n'est pas dénuée d'atouts. Orientée sud et située en bordure haute du lotissement, elle surplombe les bâtisses voisines et bénéficie d'une vue panoramique sur la cité phocéenne. Autant de qualités qui seront exploitées par l'architecte Raphaëlle Segond.

Le terrain est pentu, très pentu même. Une singularité qui a découragé les commerciaux des constructeurs d'abord consultés par le couple. A contrecœur. Même les plus aguerris d'entre eux durent en effet convenir que la maison ad hoc ne figurait pas dans leurs catalogues, certains accompagnant cet aveu douloureux d'un jugement réprobateur sur le choix du terrain. Mais le compromis est signé et le lieu convient d'ailleurs parfaitement à Alain et Sherifa. C'est alors qu'ils rencontrent leur architecte, enfin une alliée qui apprécie d'emblée cette parcelle plutôt atypique.

La première intervention porte sur le terrain, une ancienne oliveraie et ses restanques détériorées par les pelleteuses du lotisseur. Il s'agira donc de les raccommoder, reconstituer une partie de ses murets de pierres pour les valoriser : ils permettront d'attribuer, à l'ouest, une terrasse plantée à chaque étage de l'habitation. Installé en limite haute de propriété, le bâtiment épouse la pente en définissant trois niveaux desservis par un escalier longeant le pignon est.

En haut : un bureau et la cuisine ouverte sur le séjour vitré sur toute sa largeur. Complété par une vaste terrasse prolongeant la pièce à vivre au sud, ce dispositif fonctionne comme un « canon à vue », résume l'architecte. En effet, le débord de la terrasse soustrait totalement au regard le lotissement en contrebas pour le diriger tout entier vers l'horizon et les collines dessinant les pourtours de la ville.

Vue sud-ouest de la maison qui adopte un plan inversé : garage en rez-de-chaussée, chambres au premier niveau, et séjour au second.

L'étage intermédiaire accueille l'espace nuit : trois chambres, deux salles de bains et plusieurs rangements logés dans la galerie de circulation assurant leur desserte. La chambre du couple, orientée sud, reçoit une baie en bandeau. Installée à 1 m du sol pour se trouver à hauteur des yeux en position couchée, et éviter elle aussi l'environnement proche, elle cadre le massif du Garlaban. Tout en bas : le garage-atelier et son escalier extérieur, une volée de marches qui conduisent à la porte d'entrée ouvrant sur un palier au niveau des chambres.

« Dans les petits budgets, le geste architectural et le décorum sont nécessairement bannis, commente l'architecte. On élague, on va à l'essentiel : l'espace et la relation avec le paysage. » En dépit d'un site fortement urbanisé, chaque pièce bénéficie au moins d'un espace extérieur. Quant à la vue obtenue, elle propulse vers le panorama. Mission réussie pour la maison rouge accrochée à la colline.

Étroite pour s'abstraire de la vue du lotissement, la fenêtre en bandeau du premier niveau cadre le massif du Garlaban.

Située en partie haute de son lotissement, la maison est implantée à l'extrémité de la parcelle, mitoyenne au nord d'un espace boisé municipal.

Côté ouest, la cuisine implantée au second niveau bénéficie d'une terrasse extérieure, comme chacune des pièces du premier étage.

Le débord de la terrasse soustrait au regard le lotissement en contrebas pour l'orienter vers l'horizon et les collines dessinant les pourtours de la ville.

DESCRIPTIF

- Architecte : Raphaëlle Segond
- Coût : 141 000 € TTC
  (hors honoraires, 10 % du montant des travaux HT)
- Surface : 150 m²
- Prix/m² : 940 €
- Chauffage : électrique par plancher chauffant
- Matériaux utilisés : maçonnerie, menuiseries aluminium
- Durée des études : 8 mois
- Durée du chantier : 12 mois
- Localisation : Bouches-du-Rhône
- Livraison : 2003

- Lot 1 : terrassements, gros œuvre, cloisons
  [Entreprise TCE] 63 266 € HT

- Lot 2 : électricité
  [Entreprise Pouillon] 7 258 € HT
- Lot 3 : chauffage, VMC, plomberie, sanitaires
  [Entreprise Pouillon] 19 970 € HT
- Lot 4 : menuiseries aluminium, serrurerie
  [Entreprise Maria] 22 105 € HT
- Lot 5 : enduits en façades
  [AMRG] 5 335 € HT

- Total HT : 117 934 €
- TVA 19,6 % : 23 115 €
- Total TTC : 141 049

- Non compris dans les marchés : aménagements
  des espaces verts du terrain et mise en peinture

Desservant le rez-de-chaussée et les terrasses, l'escalier appuyé contre la façade ouest crée une circulation extérieure.

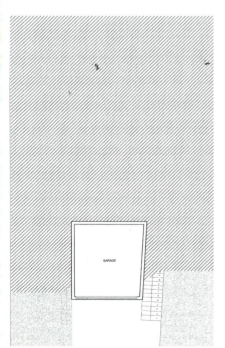

Niveau garage

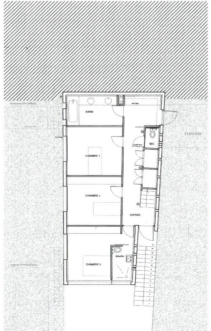

Niveau chambres, R+1

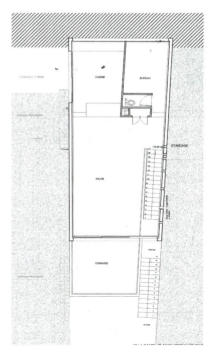

Niveau séjour, R+2

VARIATION SUR LA GRANGE
Jean-Baptiste Barache
32, rue Sainte-Marthe
75010 Paris
Téléphone : 01 42 01 33 87
Email : babaptiste@caramail.com

LA HALLE À HABITER
Mickaël Tanguy
18, rue Gramont
35490 Sens-de-Bretagne
Téléphone : 02 99 45 78 78
Télécopie : 02 99 45 78 79
Email : tanguy-architecte@wanadoo.fr

LE REFUGE
G. Studio & Michaël Osswald
16, rue du Vieux-Marché-aux-Vins
67000 Strasbourg
Téléphone : 03 88 35 51 20
Télécopie : 03 88 36 47 69
Email : michaelos@wanadoo.fr

DANS LES ARBRES
Eric Lanusse
Bois Conception
20, avenue Wilson
24100 Bergerac
Téléphone : 06 16 32 26 70
Télécopie : 05 53 63 28 90
Email : bois-conception@wanadoo.fr

LA MAISON DES DOUVES
Matthieu Jallet & Léo Rival
JR_ateliers
34, rue Sainte-Colombe
33000 Bordeaux
Téléphone : 05 56 44 23 88
Portable : 06 60 73 03 77
Email : jr_ateliers@yahoo.fr

SUR LA CRÊTE
Claudine Pialat & Alain Belingheri
6, avenue de la IVᵉ-République
24210 Thénon
Téléphone : 05 53 05 22 00
Télécopie : 05 53 05 20 30
Email : transit.pb@wanadoo.fr

DANS LA VERDURE
Emmanuel Alassœur
14, place Saint-Cyran
36000 Châteauroux
Téléphone : 02 54 36 20 76
Télécopie : 02 54 34 50 66
Email : ea.architecte@wanadoo

LOGIQUE INDUSTRIELLE
Cyril Neveu
18, rue Gramont
35490 Sens-de-Bretagne
Téléphone : 02 99 45 78 78
Télécopie : 02 99 45 78 79
Email : cyril. neveu35@orange.fr

LA MAISON RADICALE
Mickaël Tanguy
18, rue Gramont
35490 Sens-de-Bretagne
Téléphone : 02 99 45 78 78
Télécopie : 02 99 45 78 79
Email : tanguy-architecte@wanadoo.fr

LA MAISON DANS LA CLAIRIÈRE
L'Atelier Provisoire
59, rue de la Rousselle
33000 Bordeaux
Téléphone : 05 56 79 10 20
Télécopie : 05 56 48 58 86
Email : atelierprovisoire@free.fr

MAISON DE VACANCES
Jean-Philippe Lanoire & Sophie Courrian
70, cours Alsace-Lorraine
33000 Bordeaux
Téléphone : 05 57 14 21 80
Télécopie : 05 57 14 21 81
Email : agence@lanoirecourrian.com
Site Web : www.lanoirecourrian.com

PLEIN SUD
Eric Lanusse
Bois Conception. 20, avenue Wilson
24100 Bergerac
Téléphone : 06 16 32 26 70
Télécopie : 05 53 63 28 90
Email : bois-conception@wanadoo.fr

LA MAISON PAPILLON
Alexandre Favé
18, rue Gramont
35490 Sens-de-Bretagne
Téléphone : 02 99 79 25 74
Télécopie : 02 99 79 25 74
Email : af.architecte@gmail.com

VILLA URBAINE
Raphaëlle Segond
42, rue Saint-Saëns
13001 Marseille
Téléphone : 04 91 33 11 72
Télécopie : 04 91 54 72 77
Email : raphaelle.segond@wanadoo.fr

LA MAISON SUR PILOTIS
Frédérique Hoerner & Eric Ordonneau
38, rue Poquelin-Molière
33000 Bordeaux
Téléphone : 05 56 79 00 32
Télécopie : 05 56 79 00 32
Email : yargla@wanadoo.fr

DANS LE HANGAR
Michel Bazantay & Sylvain Gasté
8, place François-II
44200 Nantes
Téléphone : 02 51 72 28 18
Email : mbazantay@waika9.com

CUBIQUE
Patrick Partouche
84, rue d'Iéna, BP 236
59810 Lesquin Cedex
Téléphone : 03 28 55 36 66/67
Télécopie : 03 28 55 36 66/67
Portable : 06 87 50 56 97
Email : pparchi@tele2.fr

BALCON EN FORÊT
Vincent Poeymiroo
1, rue du Maréchal-Bosquet
40000 Mont-de-Marsan
Téléphone : 05 58 85 29 32
Télécopie : 05 58 85 29 99
Email : vincent.poeymiroo@wanadoo.fr

LA MAISON TUNNEL
Cécile Gaudoin & Alexandre Favé
28, quai Duguay-Trouin
35000 Rennes
Téléphone : 02 99 79 25 74
Télécopie : 02 99 79 25 74
Email : cecile.gaudoin@wanadoo.fr
af.architecte@gmail.com

OH LA BELLE ROUGE !
Raphaëlle Segond
42, rue Saint-Saëns
13001 Marseille
Téléphone : 04 91 33 11 72
Télécopie : 04 91 54 72 77
Email : raphaelle.segond@wanadoo.fr

© Les photos qui ne sont pas accompagnées d'un copyright sont la propriété des architectes.

■ Bac acier : panneau de tôle d'acier rigidifié par de fortes nervures ou ondulations.
■ Bardage : terme s'appliquant à tout revêtement de façade mis en place par fixation mécanique.
■ Ferme : assemblage de pièces dans un plan vertical formant l'ossature triangulée d'une charpente.
■ Ossature : ensemble des éléments de stabilité composant la structure porteuse, le squelette d'un édifice.
■ Rampant : tout élément dont l'axe principal est oblique. Les rampants sont les parties d'un ensemble qui sont disposées en pente.
■ Structure : ossature d'une charpente ou d'une construction.
■ Volige : planche légère de sapin ou de peuplier.
■ VMC : sigle de ventilation mécanique contrôlée, dispositif incluant un système d'admission d'air dans les pièces principales et d'évacuation dans les pièces techniques.

Globalement, trois missions régissent les rapports contractuels du commanditaire avec son architecte :

■ La mission complète. L'architecte assure la conception du projet dans ses moindres détails, assiste le commanditaire pour la demande de permis de construire, sélectionne avec lui les entreprises chargées des travaux et dirige le chantier jusqu'à la réception.
■ La mission d'étude de projet. L'architecte assure la conception du projet dans ses moindres détails, assiste le commanditaire pour la demande de permis de construire et est chargé de la conception technique de sa maison. Le commanditaire peut ensuite prendre personnellement en main la phase de consultation des entreprises et de réalisation de l'ouvrage, ou faire appel à un constructeur sur la base d'un contrat de construction de maison individuelle conforme à la loi de 1990.
■ La mission de demande de permis de construire. Cette mission doit être obligatoirement confiée à un architecte si le projet représente une surface supérieure à 170 m² de surface hors oeuvre nette (article 4 de la loi du 3 janvier 1977 sur l'architecture et article premier du décret du 3 mars 1977 relatif aux dispenses de recours à l'architecte). L'architecte assure la conception de la maison et assiste le commanditaire pour la constitution du dossier de demande de permis de construire.

Pour de plus amples informations, voir le site de l'Ordre des architectes : www.architectes.org

N. B : Les architectes ayant réalisé ces maisons sont diplômés par le gouvernement (DPLG), à l'exception d'Eric Lanusse, titulaire d'un diplôme d'études supérieures spécialisées (DESS) en architecture « Concevoir et réaliser en bois ».

Merci aux architectes pour leur disponibilité et leur patience.
Ainsi qu'à Juliette Darmon, Gérard Duhamel, Annie Helsly, Coralie Jugan et Sylvette Tual.

Informations, commentaires & critiques, contact auteur : darmon.o@free.fr

Editeur : Aurélya Guerréro
Assistante éditoriale : Lucie Robin
Conception graphique et mise en page : Thierry Le Prince

Photogravure : Microlynx, à Rennes (35)
Impression : Imprimerie Pollina, à Luçon (85) - L 40620
© 2006, Éditions Ouest-France - Édilarge S.A.
ISBN : 2.7373.4066.7 - N° d'éditeur : 5254.01.06.09.06
Dépôt légal : septembre 2006
Imprimé en France